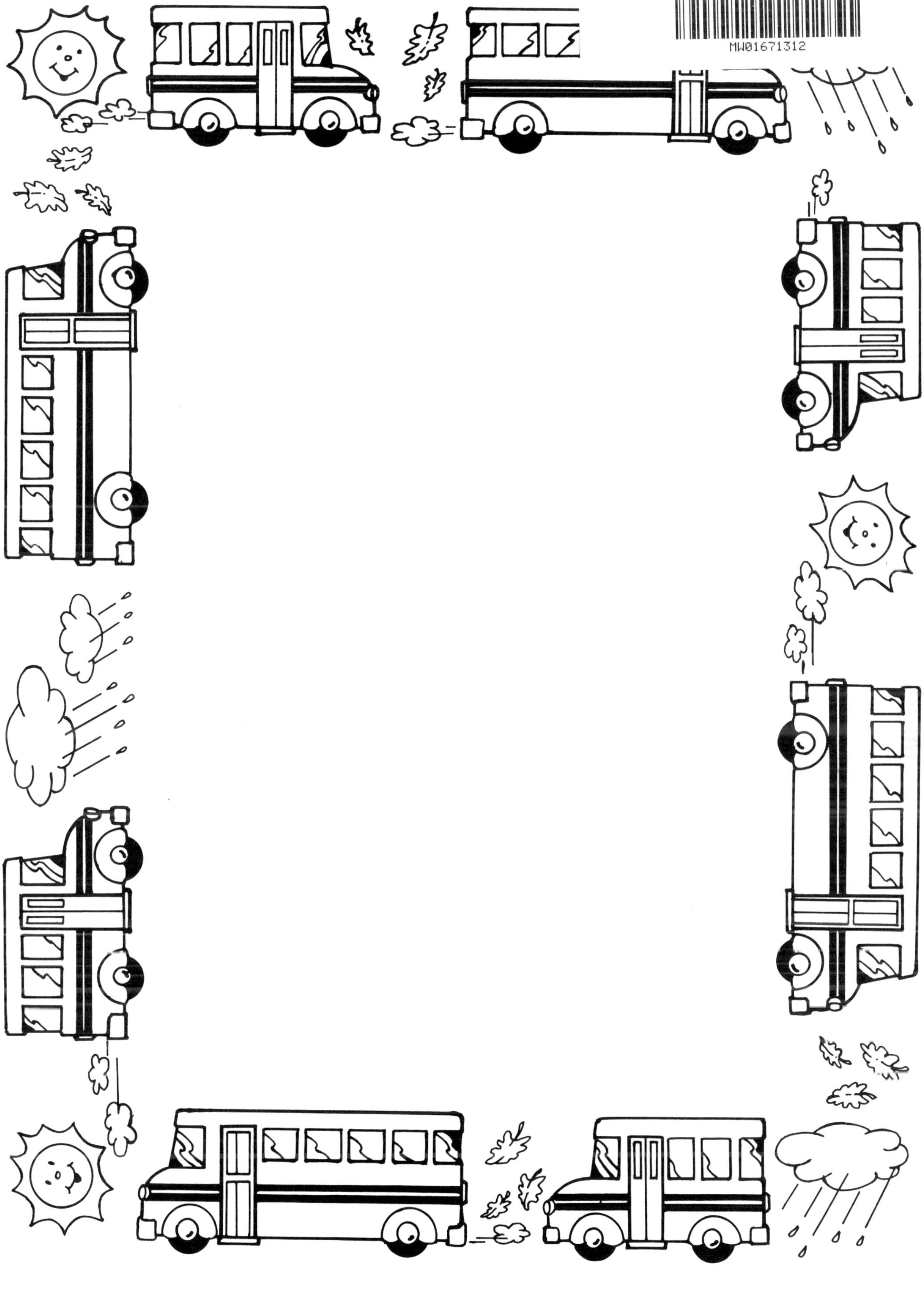

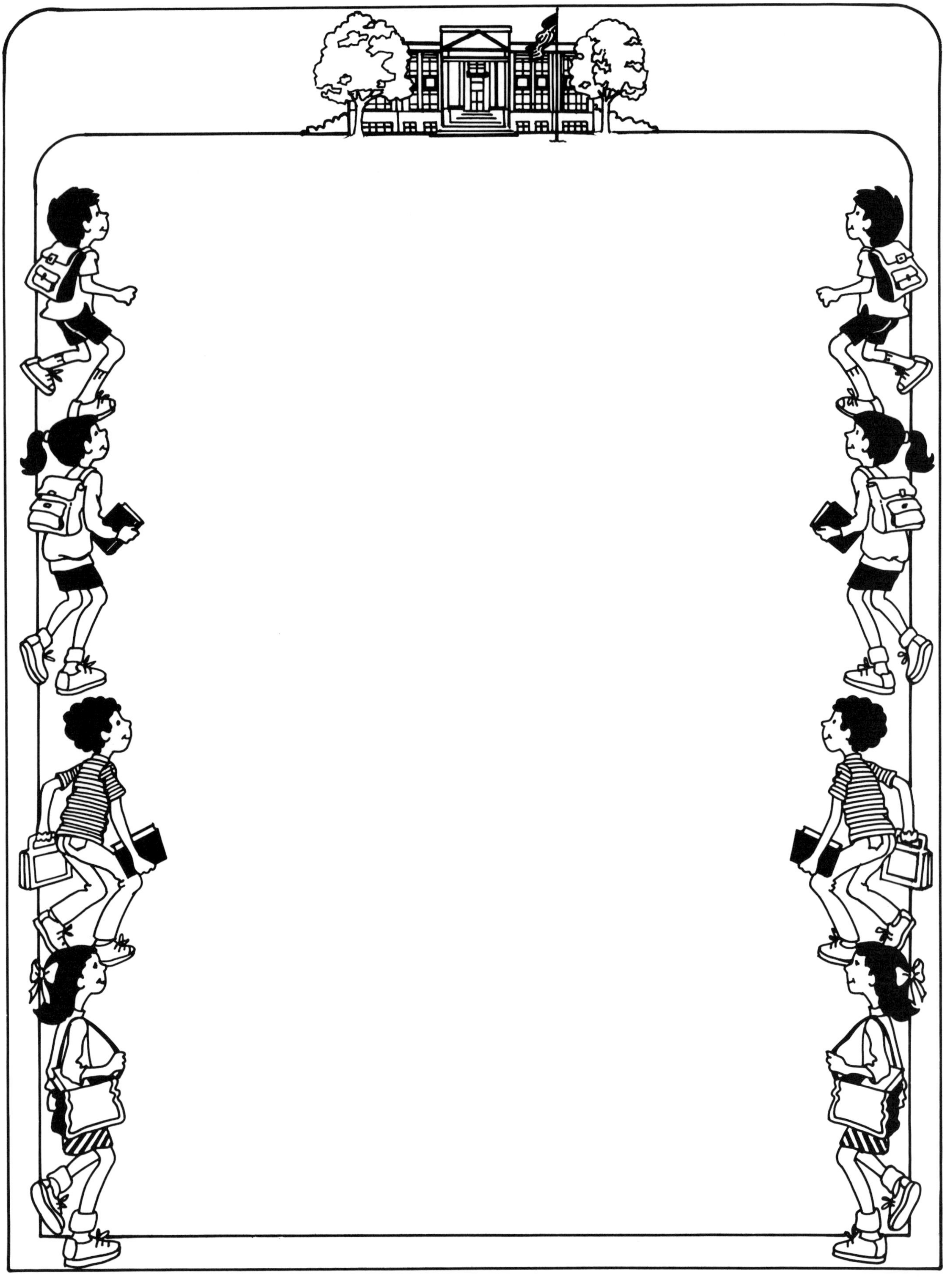

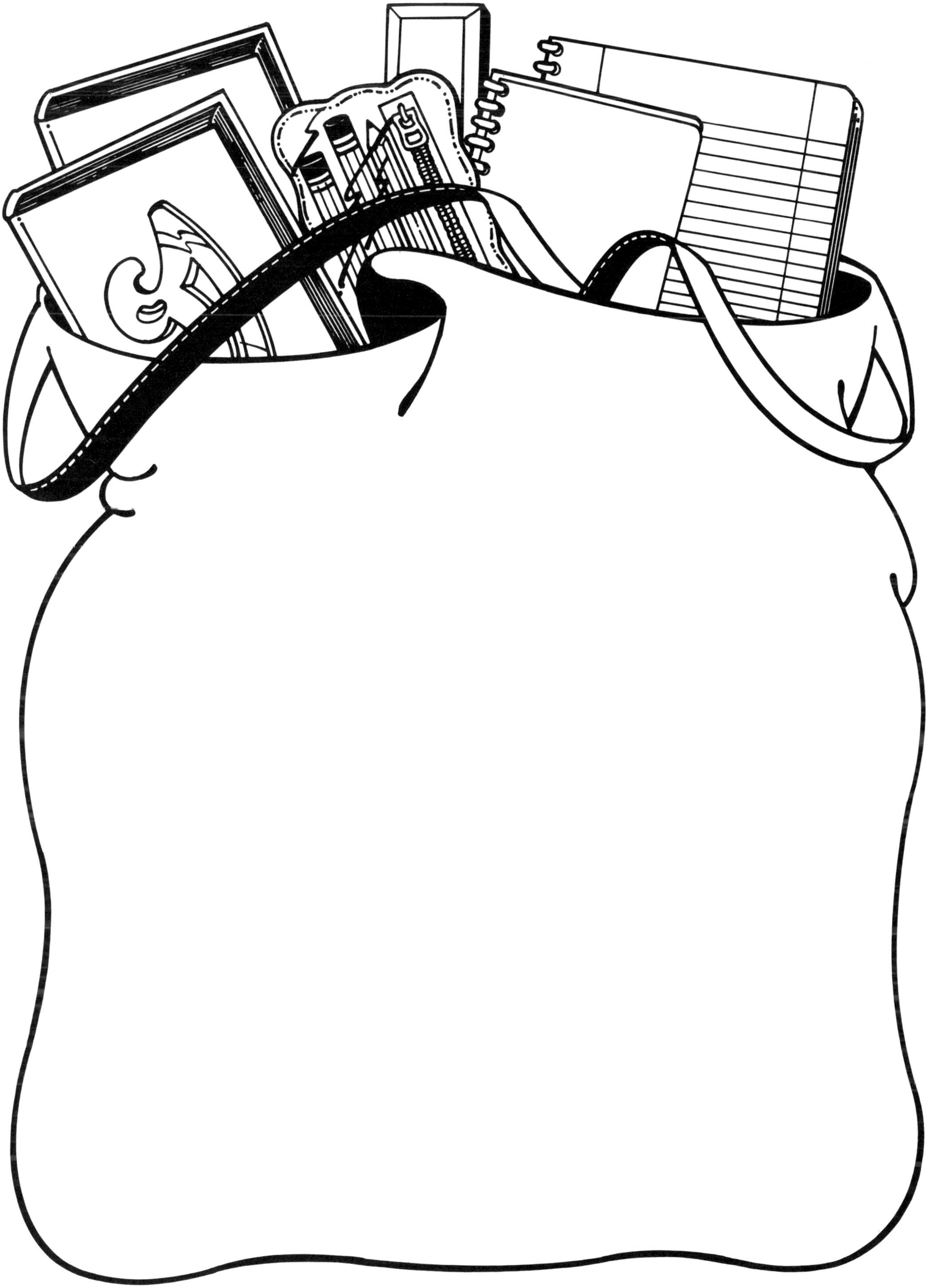

SCIENCE

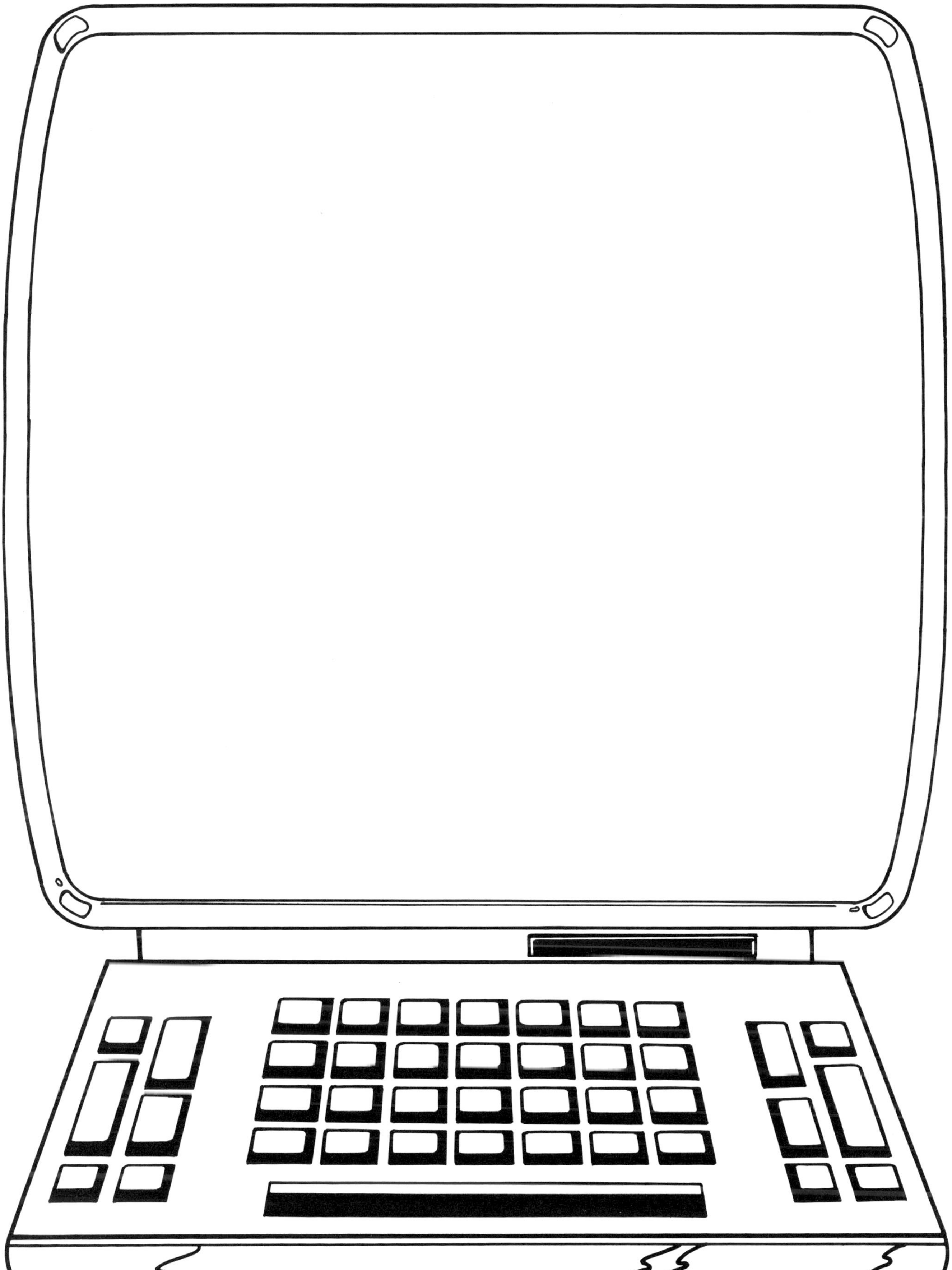

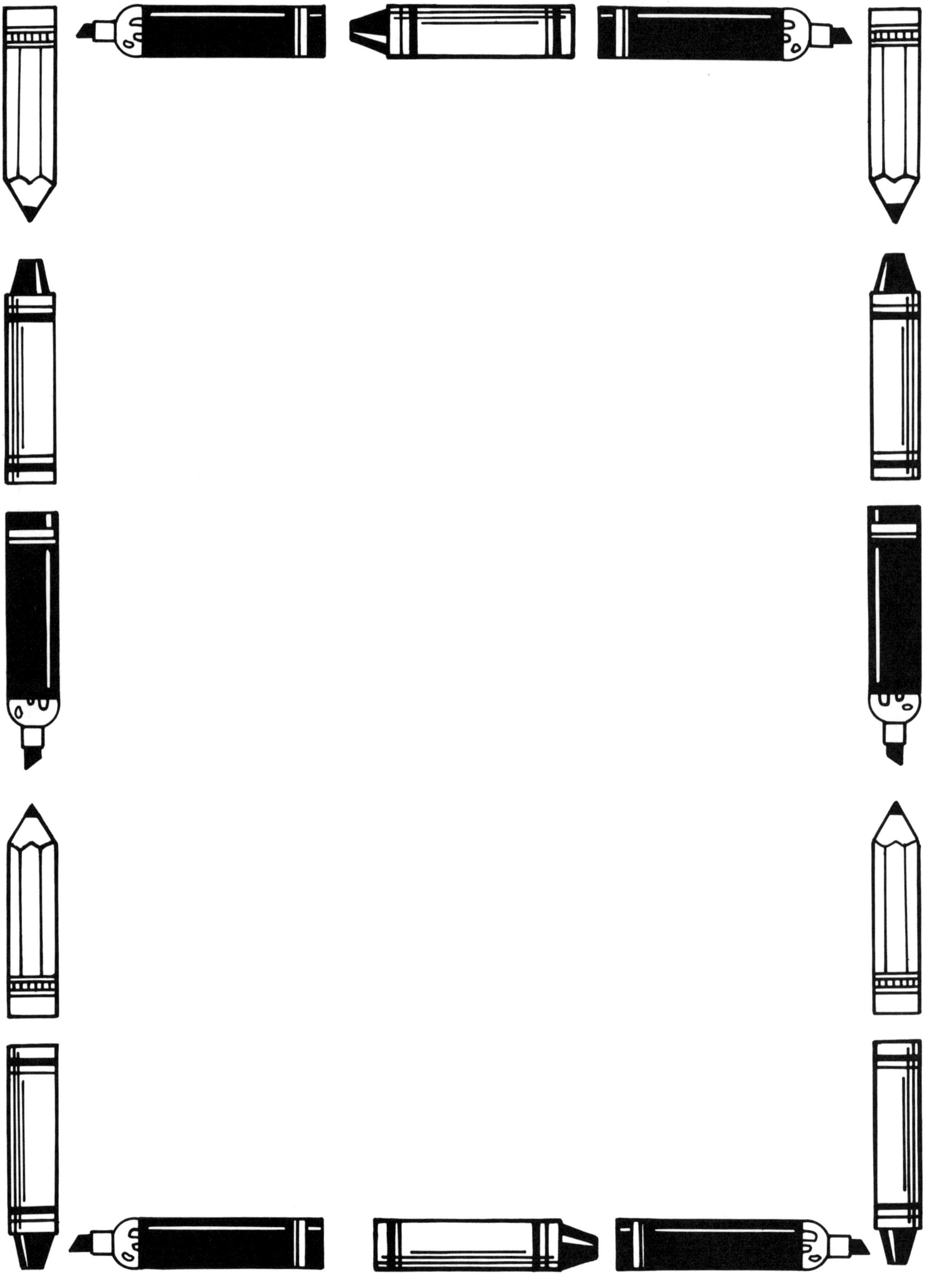

"NOTES"

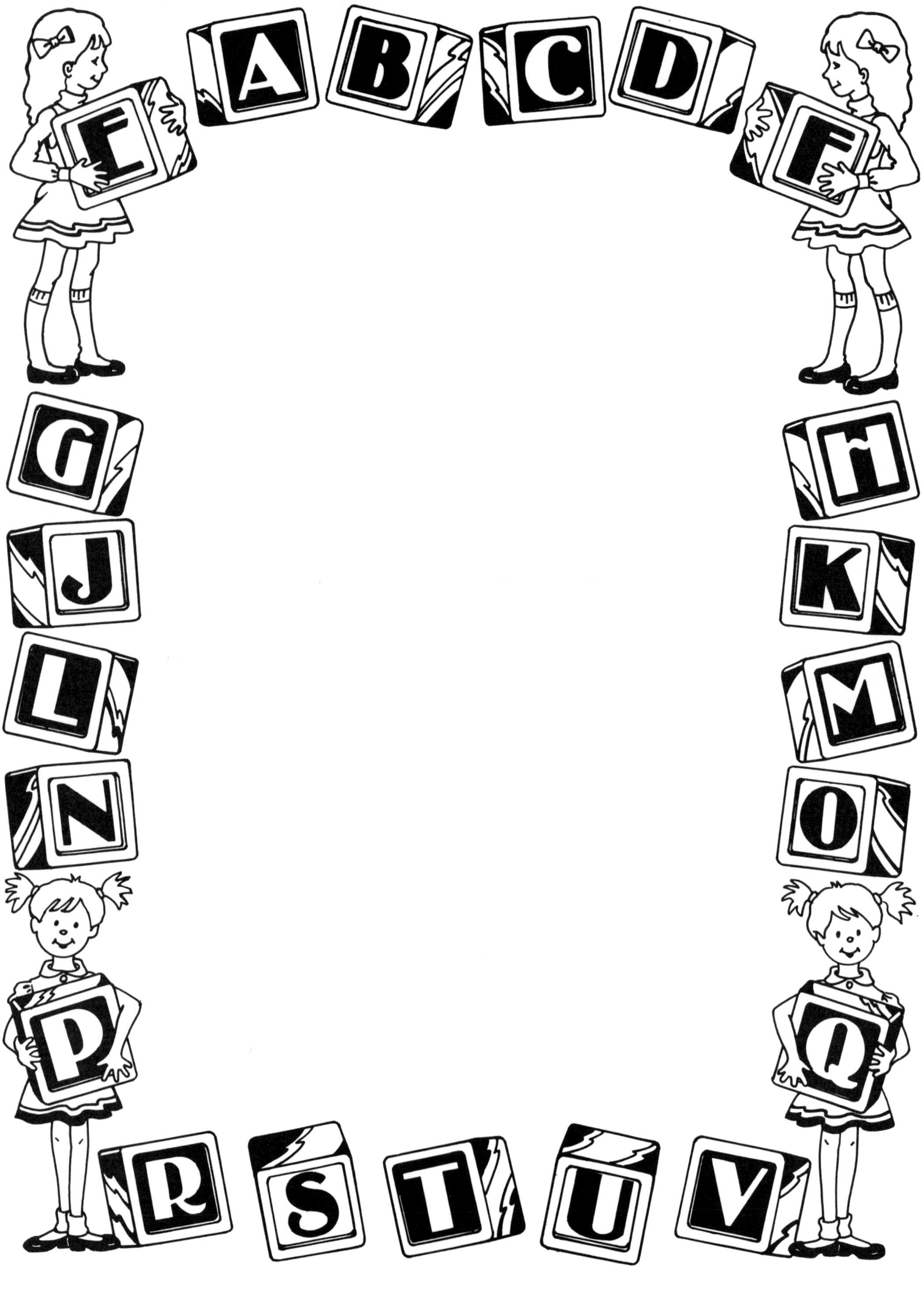
A B C D
E F
G H
J K
L M
N O
P Q
R S T U V

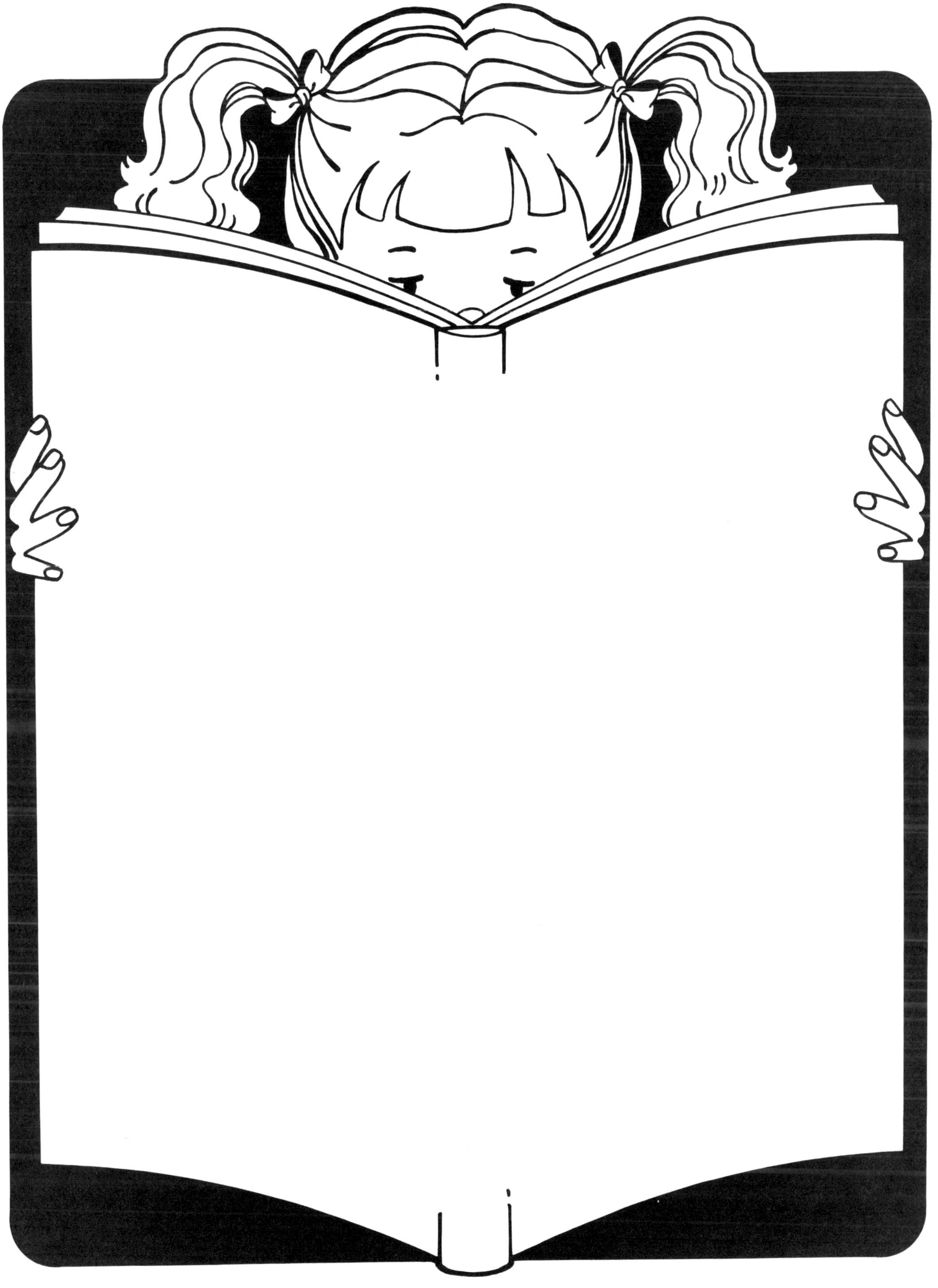

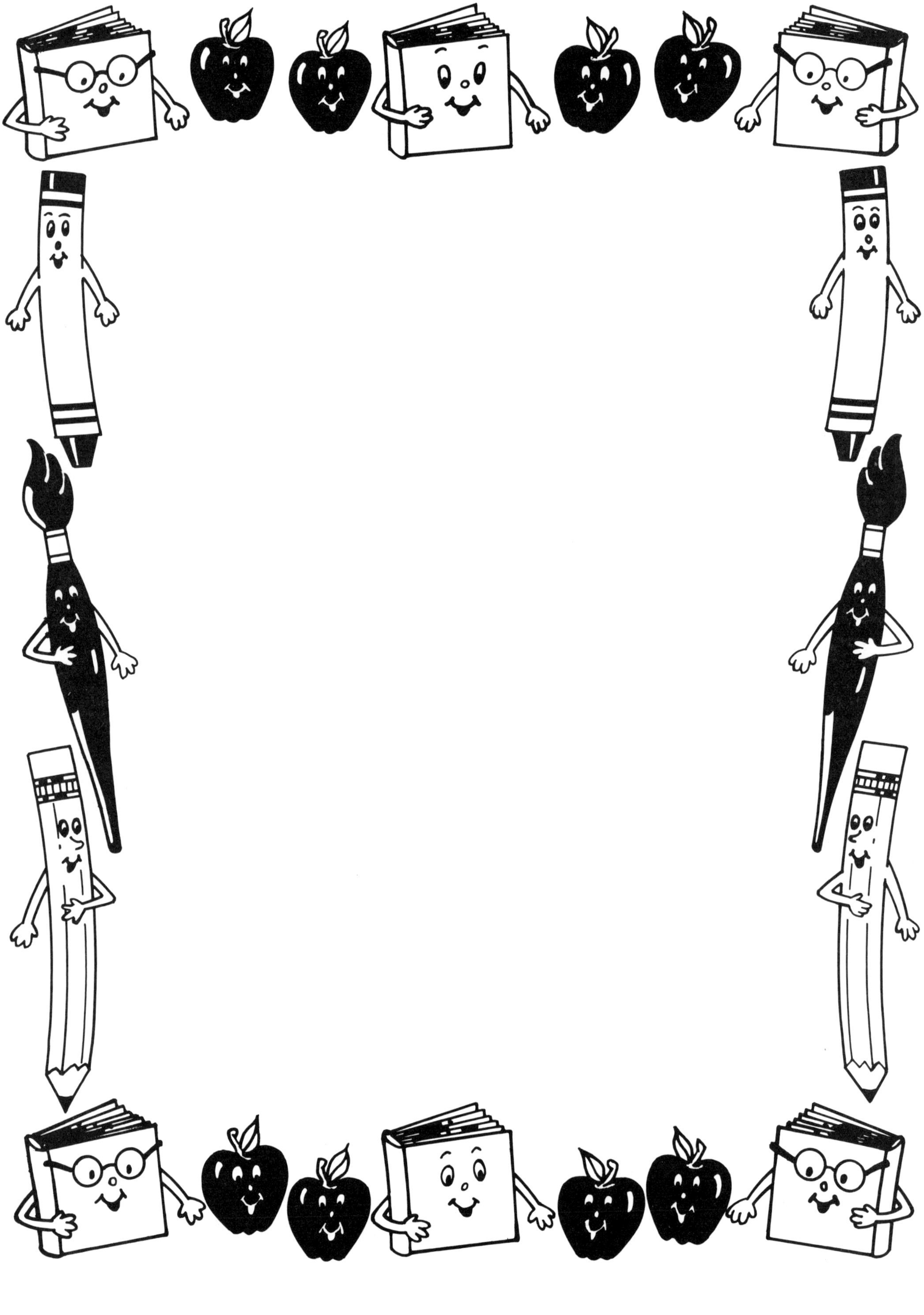

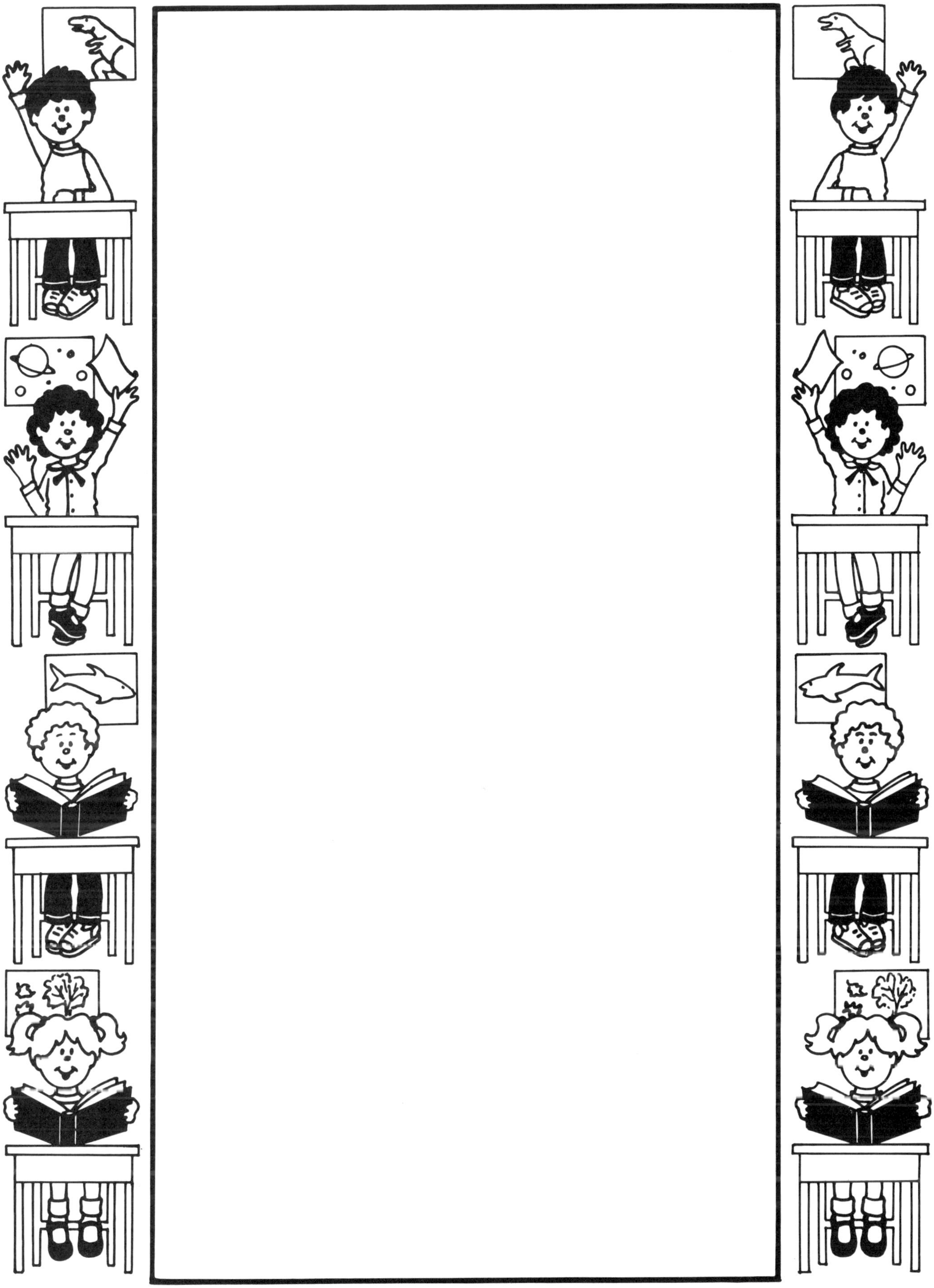

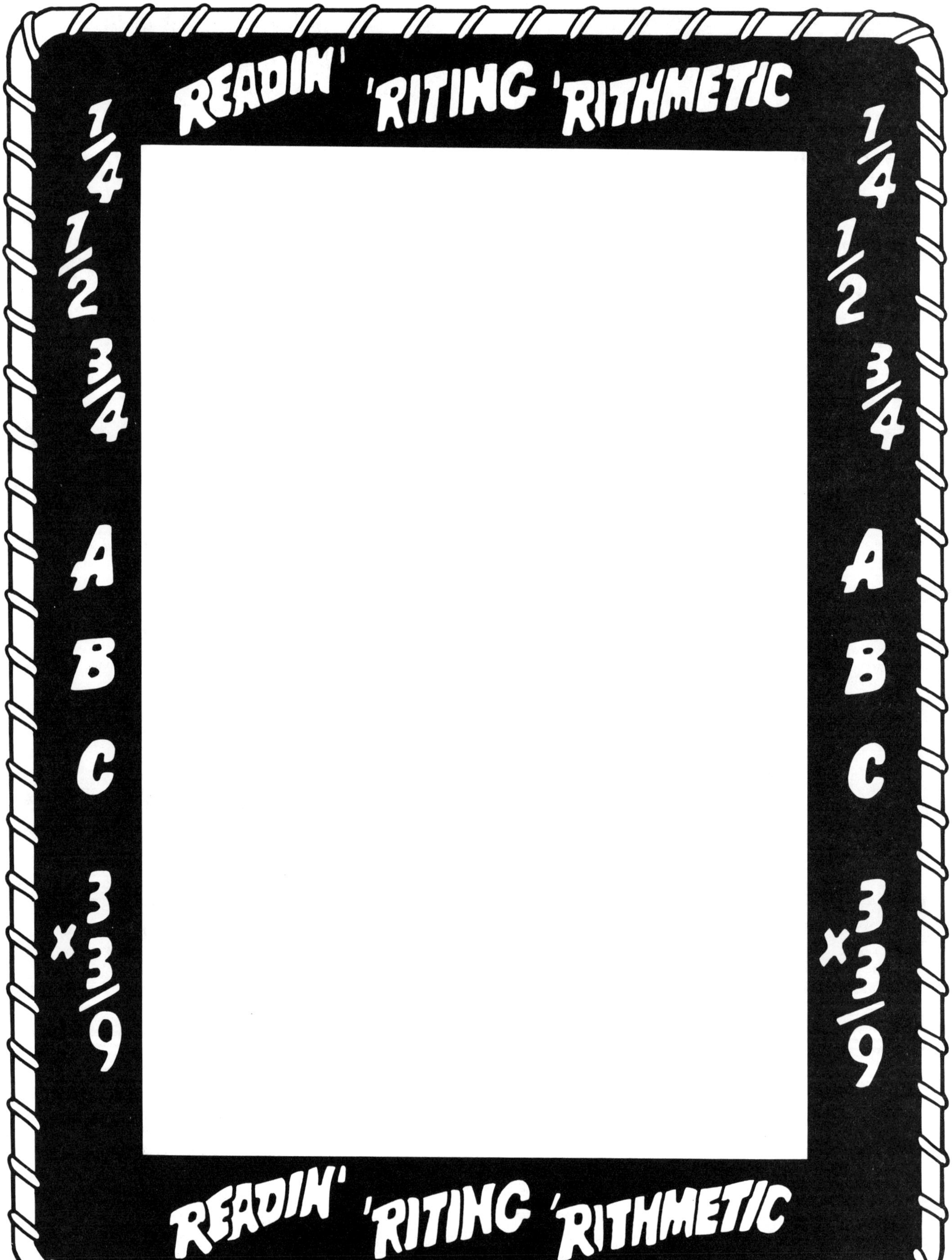
READIN' 'RITING 'RITHMETIC
1/4
1/2
3/4
A
B
C
3
×3
9
1/4
1/2
3/4
A
B
C
3
×3
9
READIN' 'RITING 'RITHMETIC

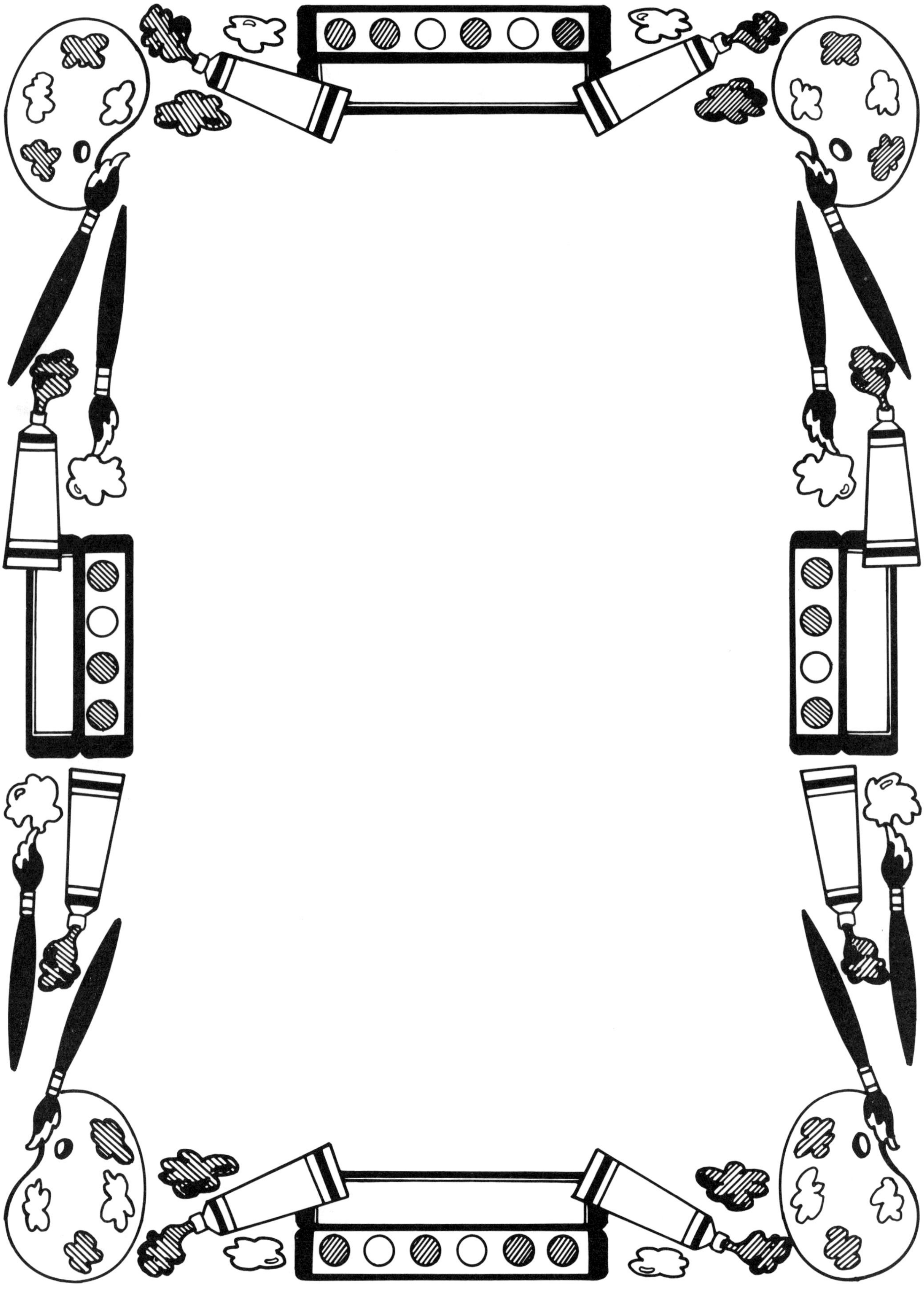

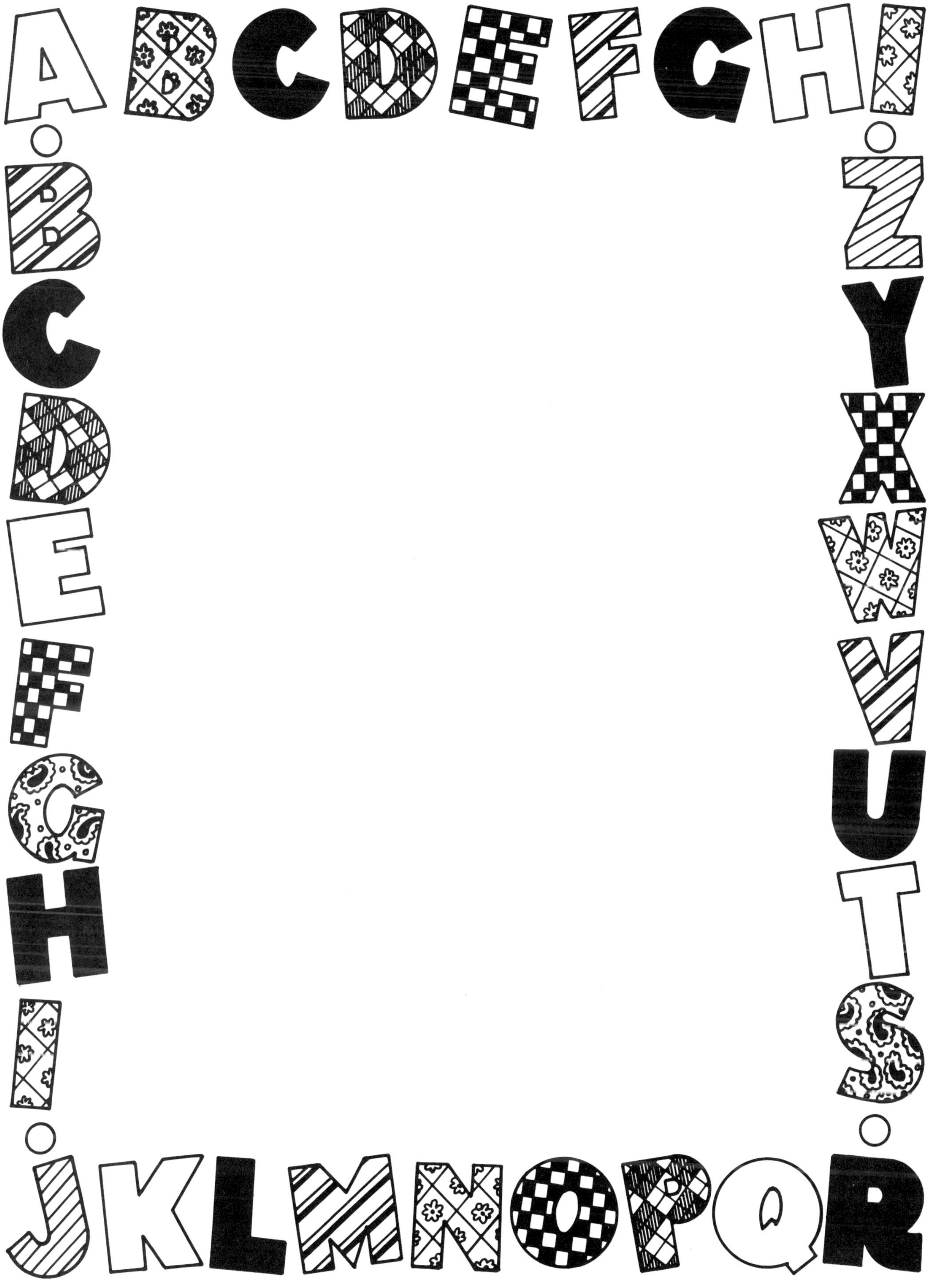
ABCDEFGHI
JKLMNOPQR
STUVWXYZ

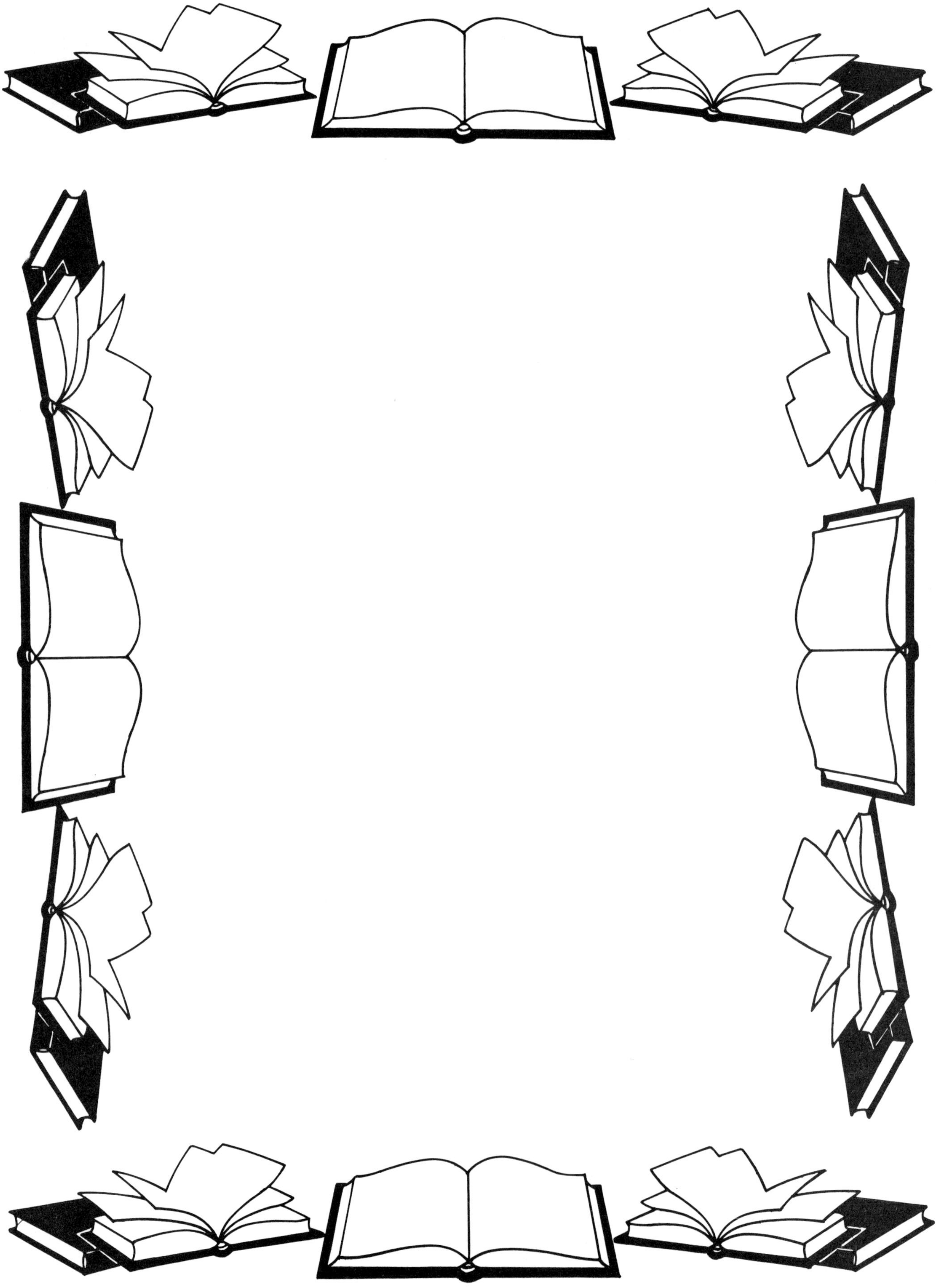

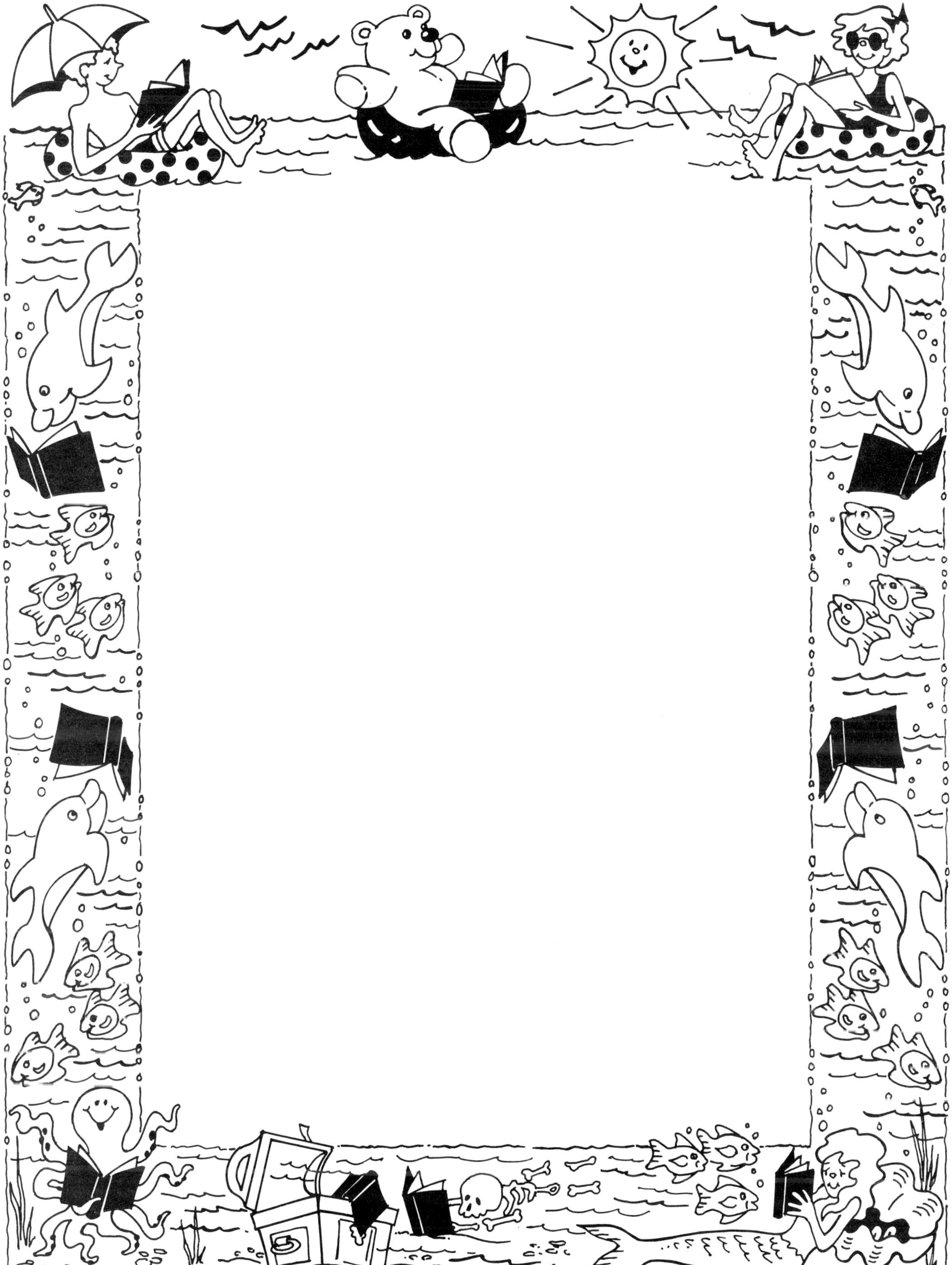

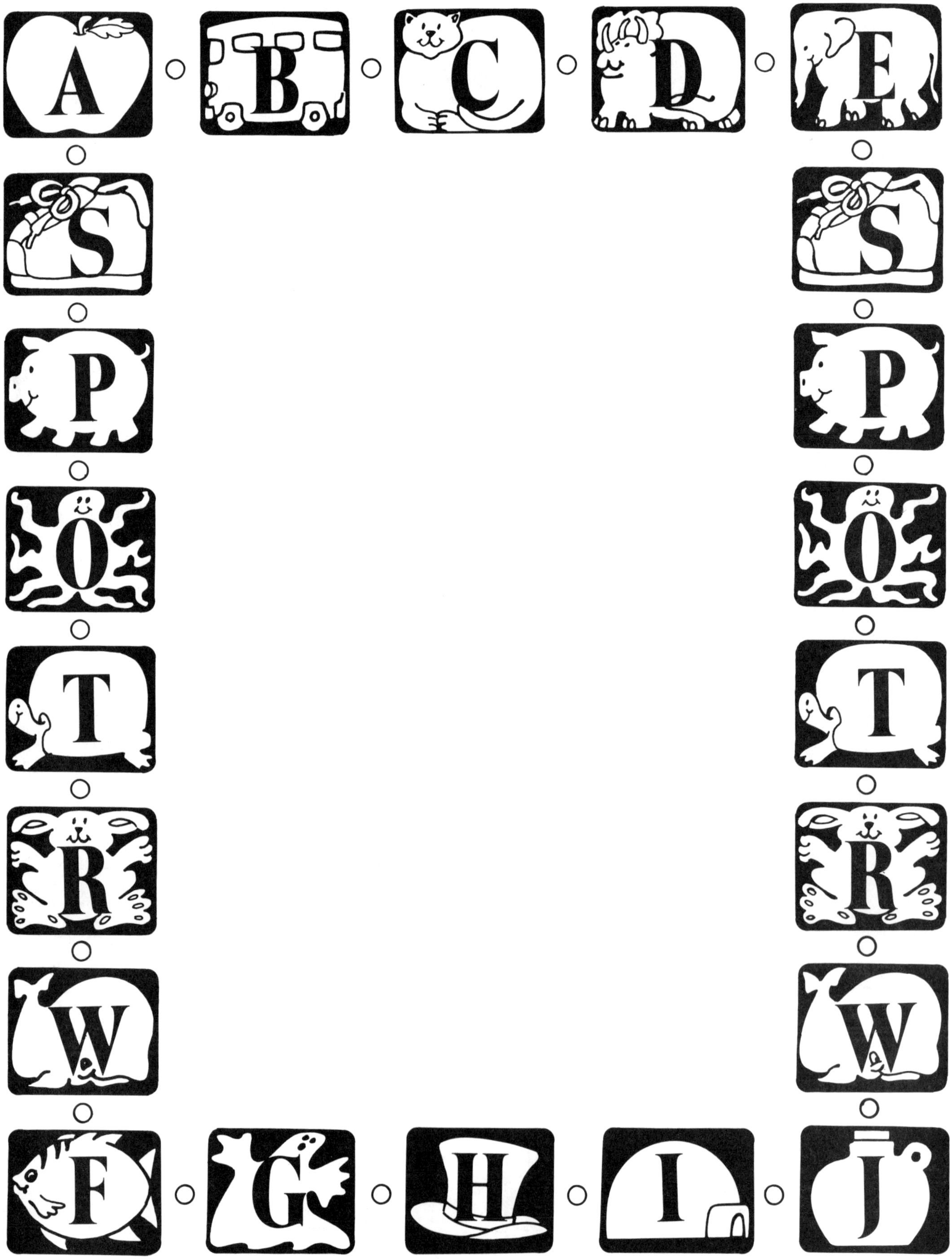
A B C D E
S P O T R W
S P O T R W
F G H I J

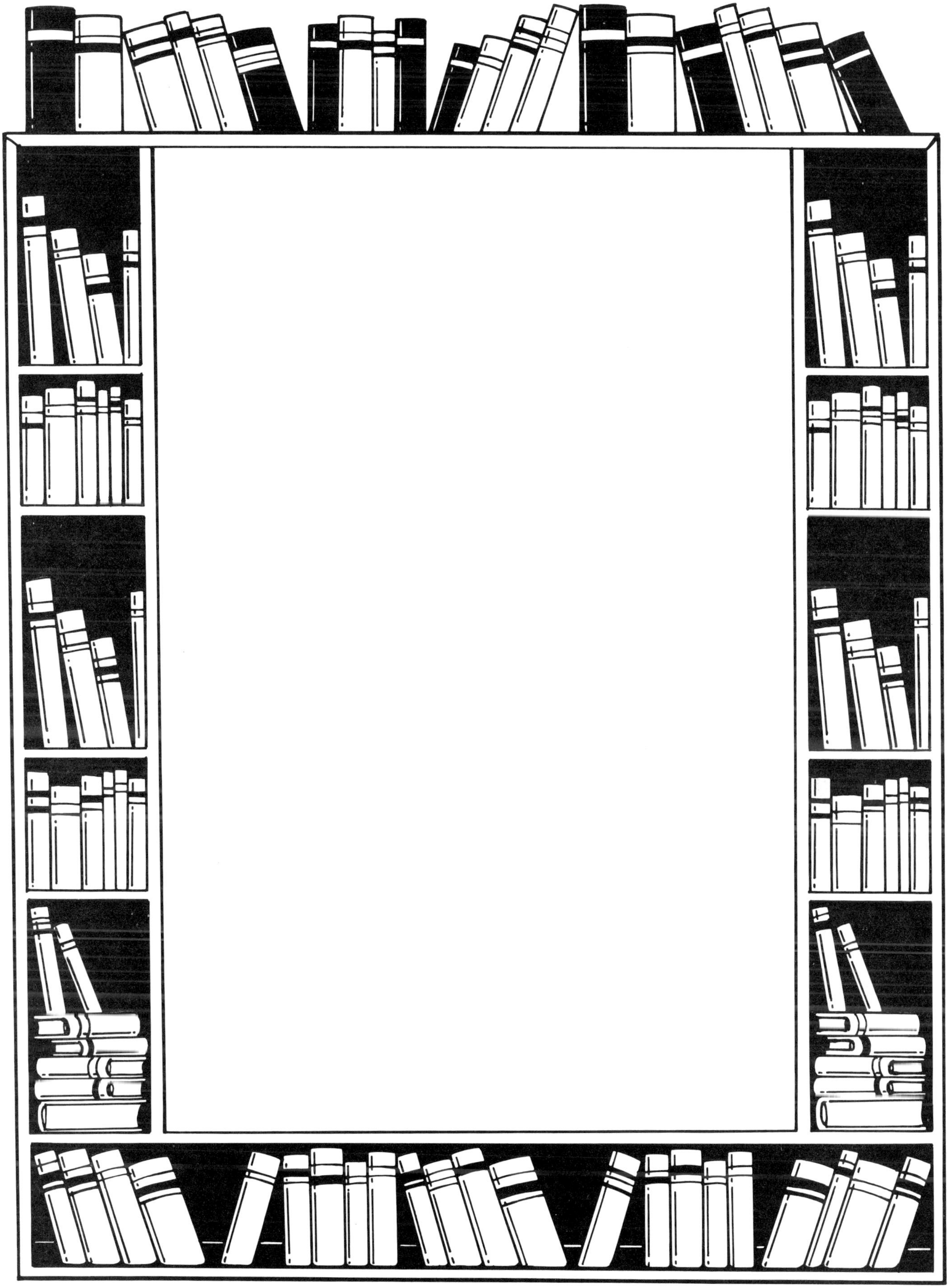

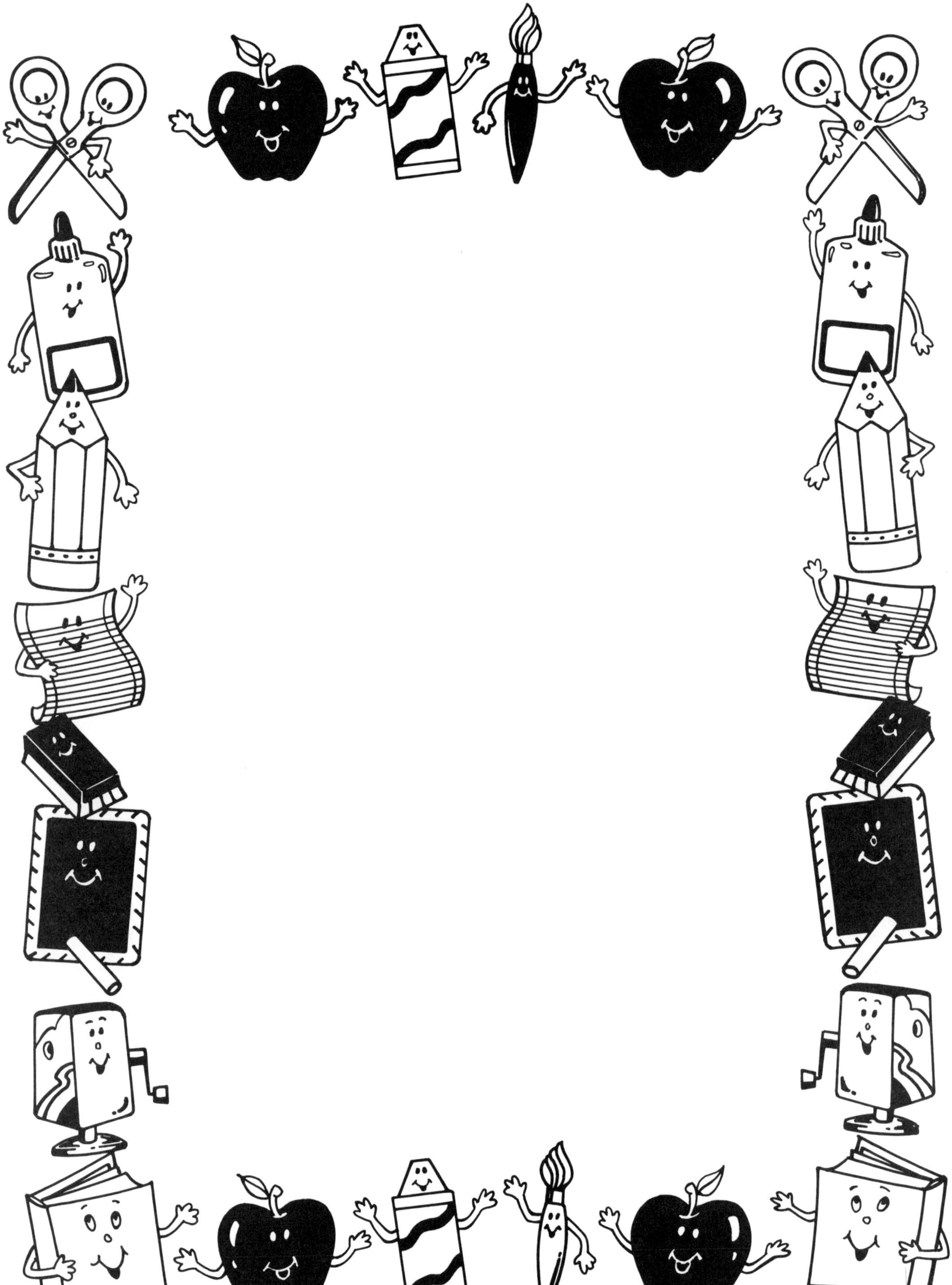

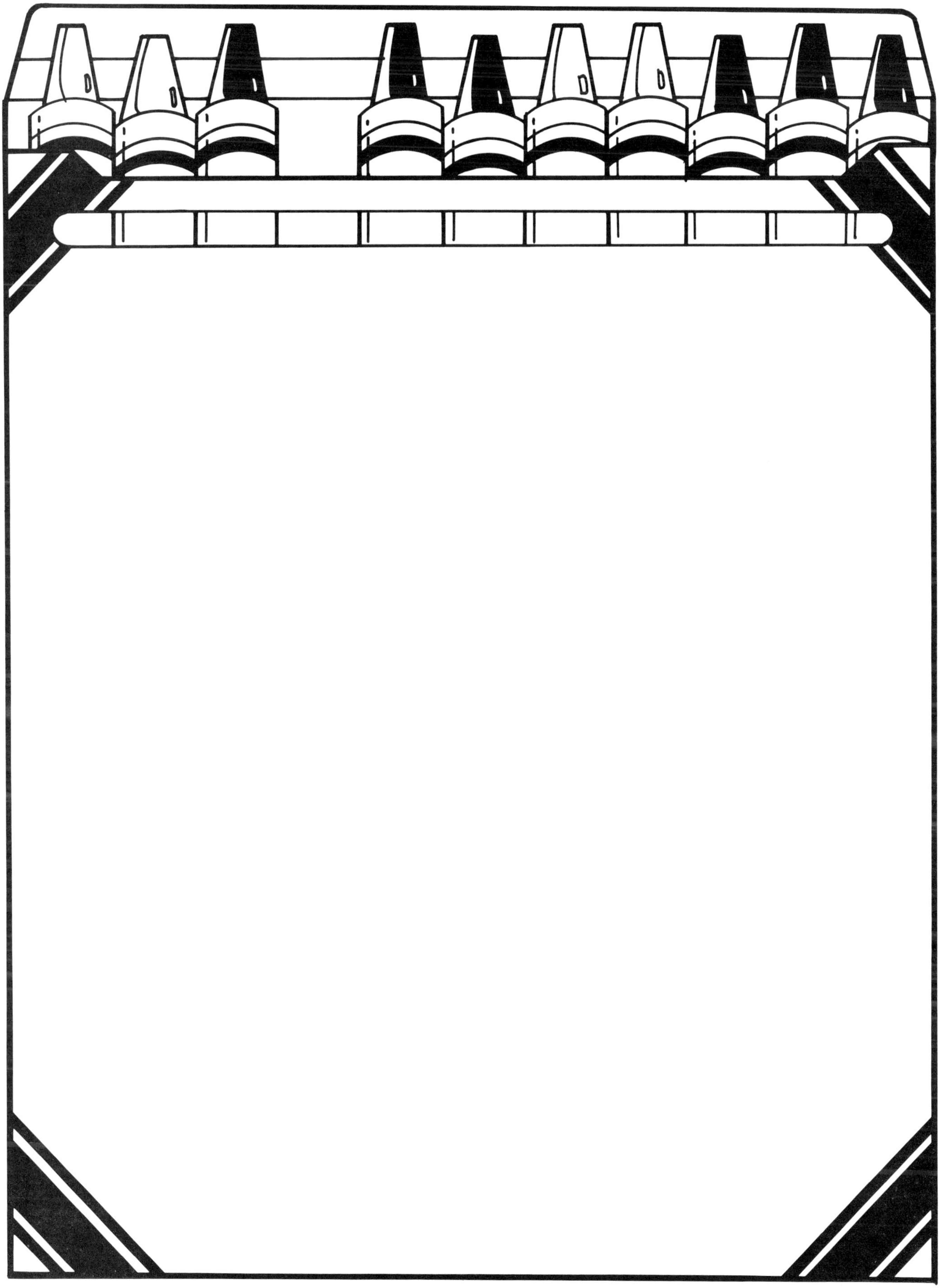

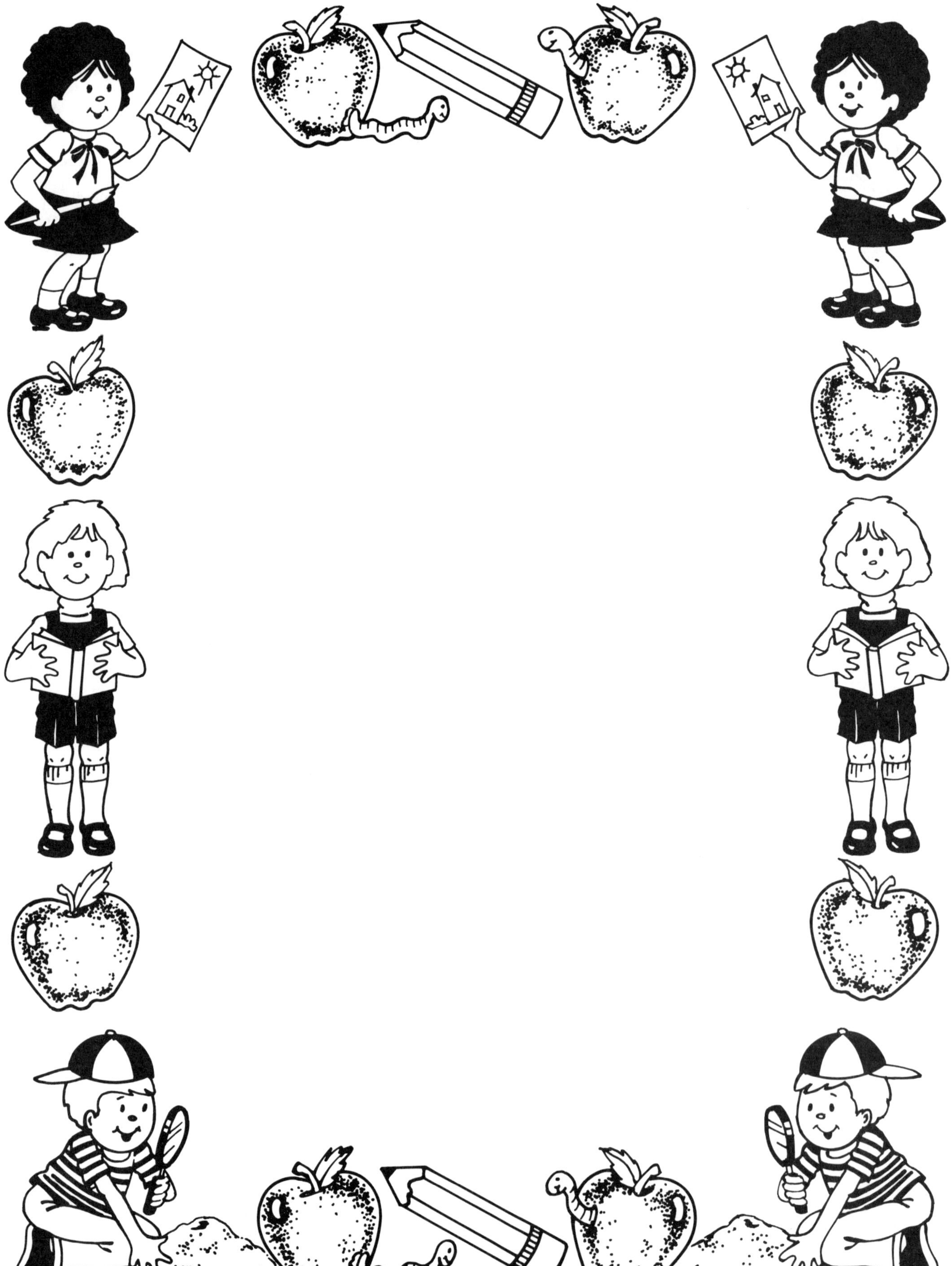

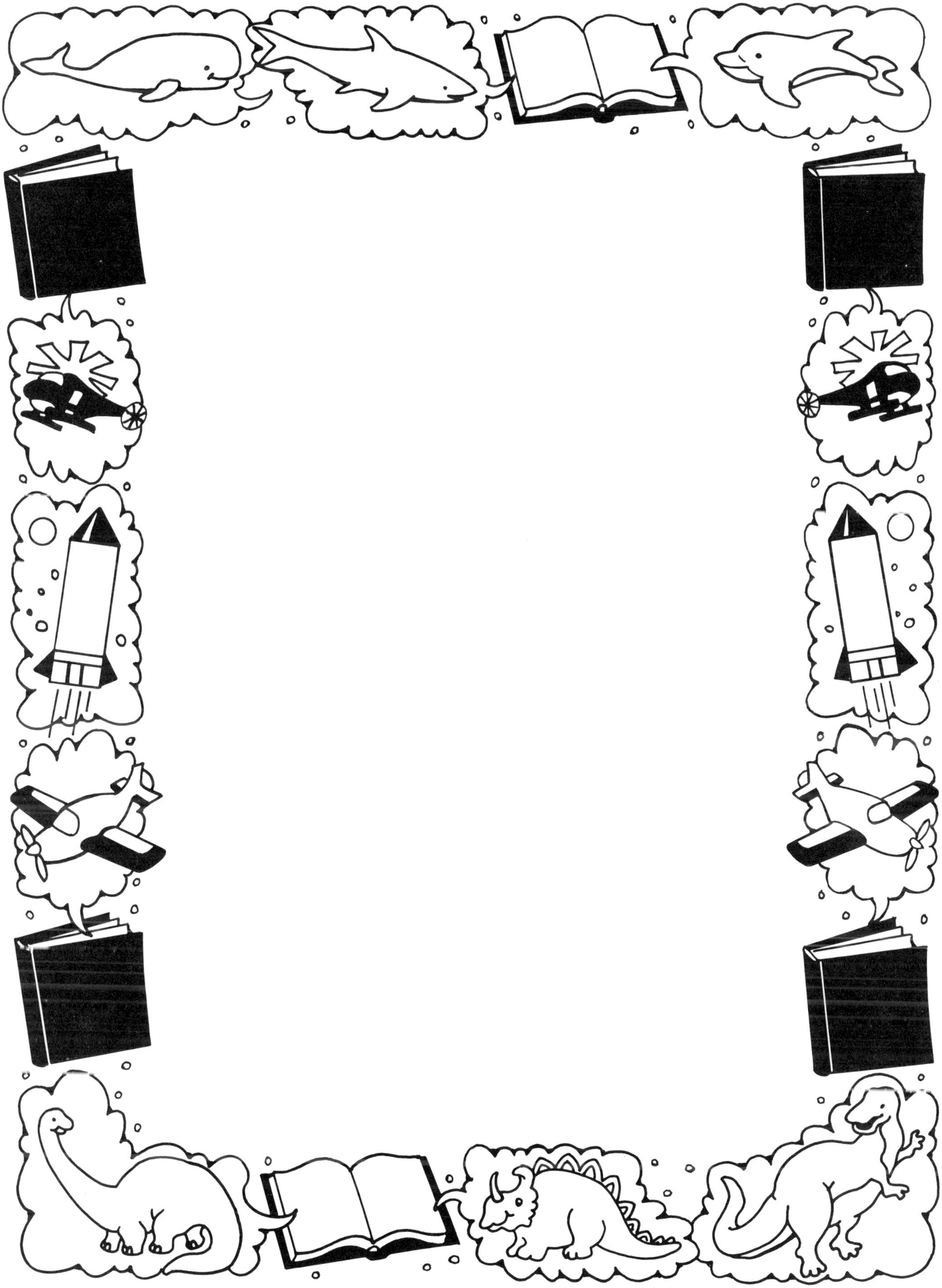

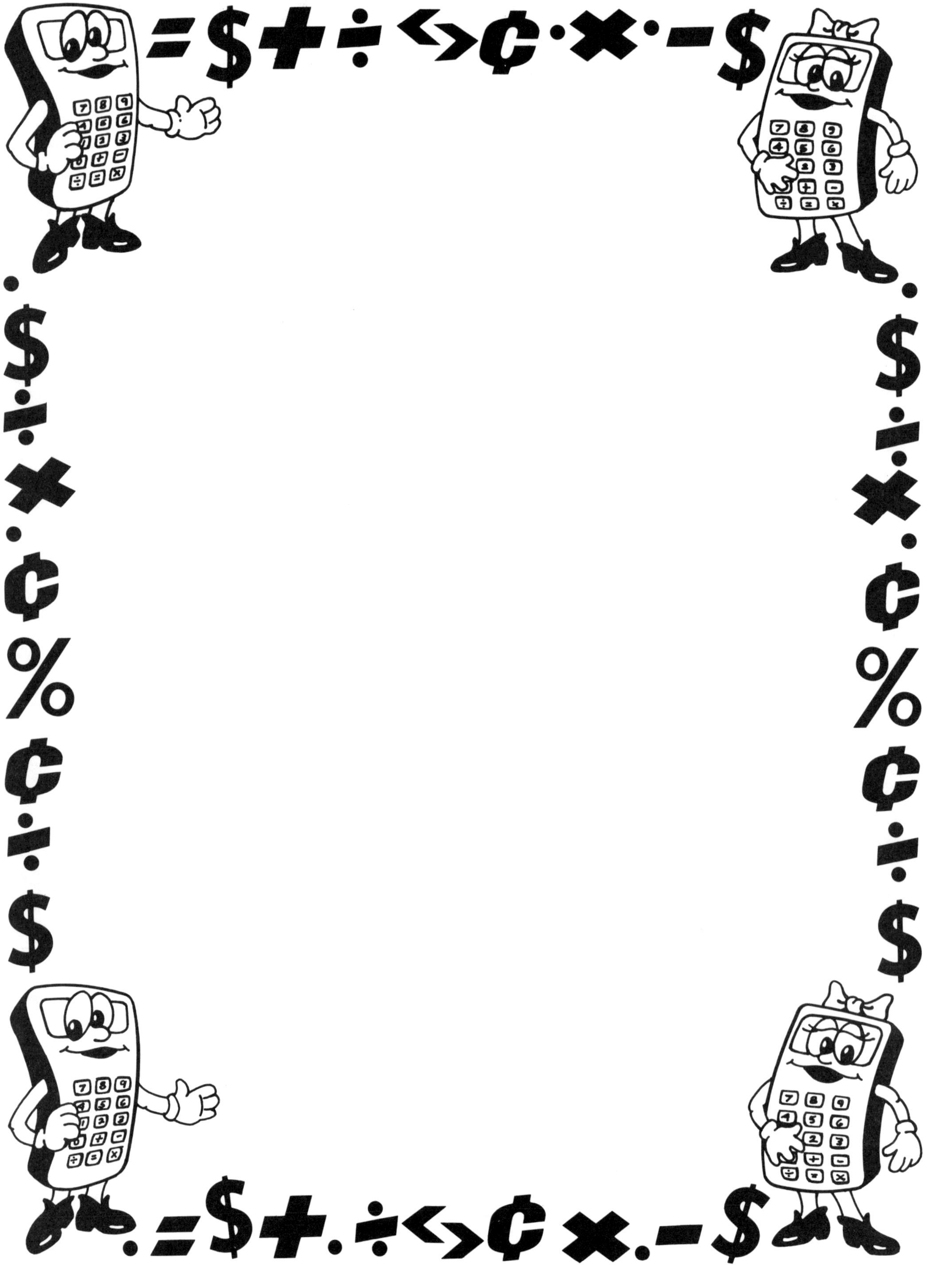

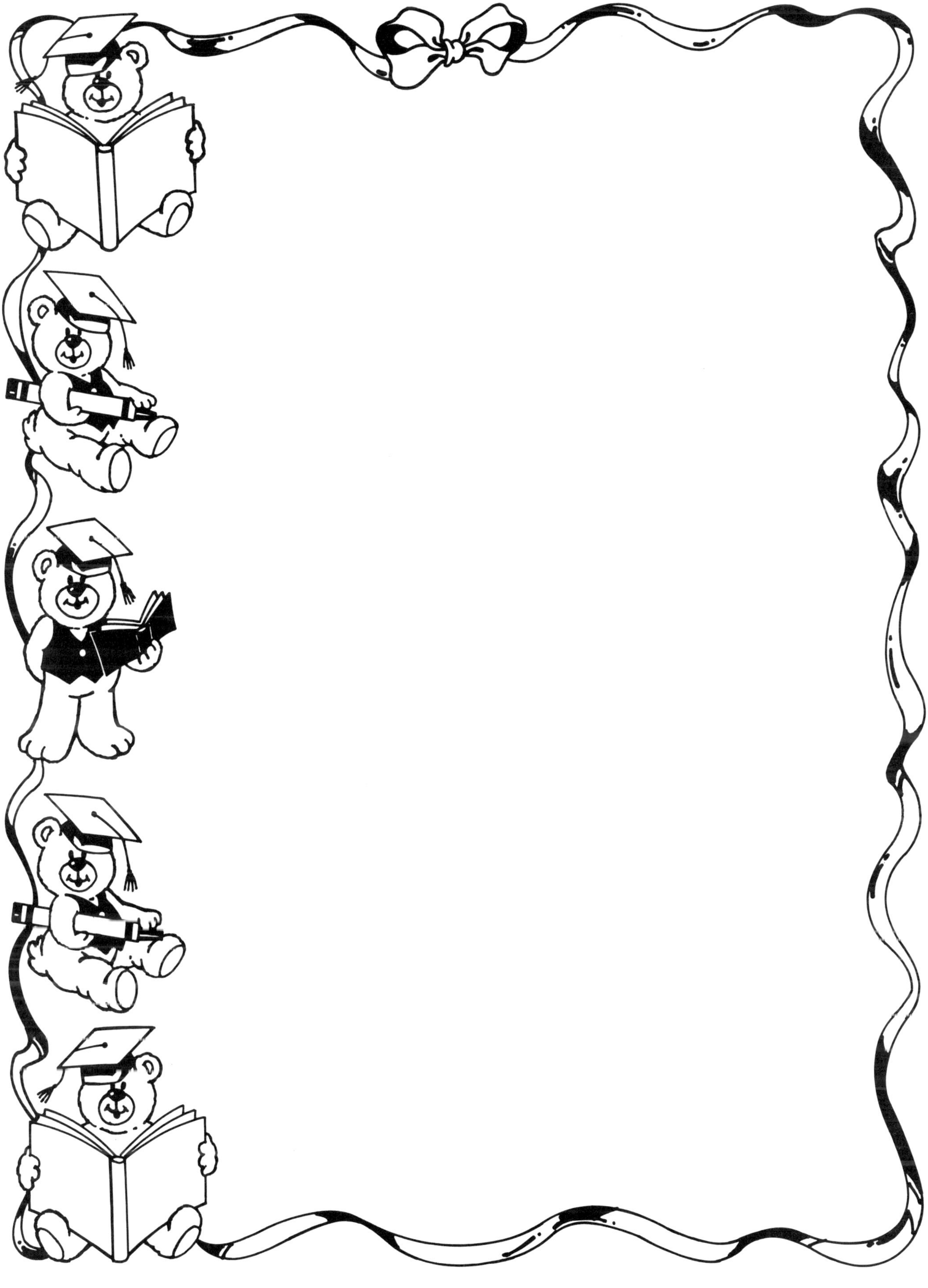

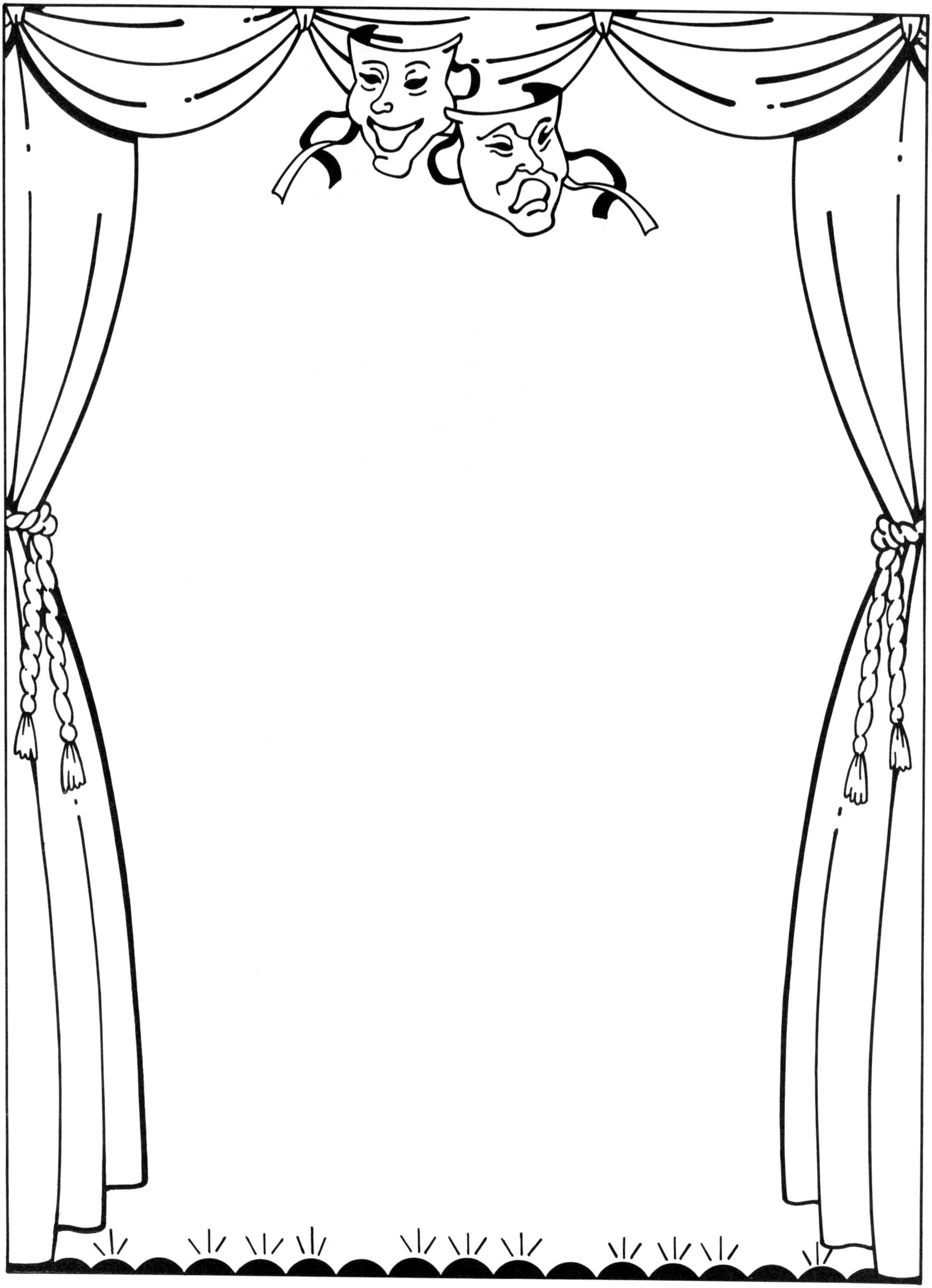

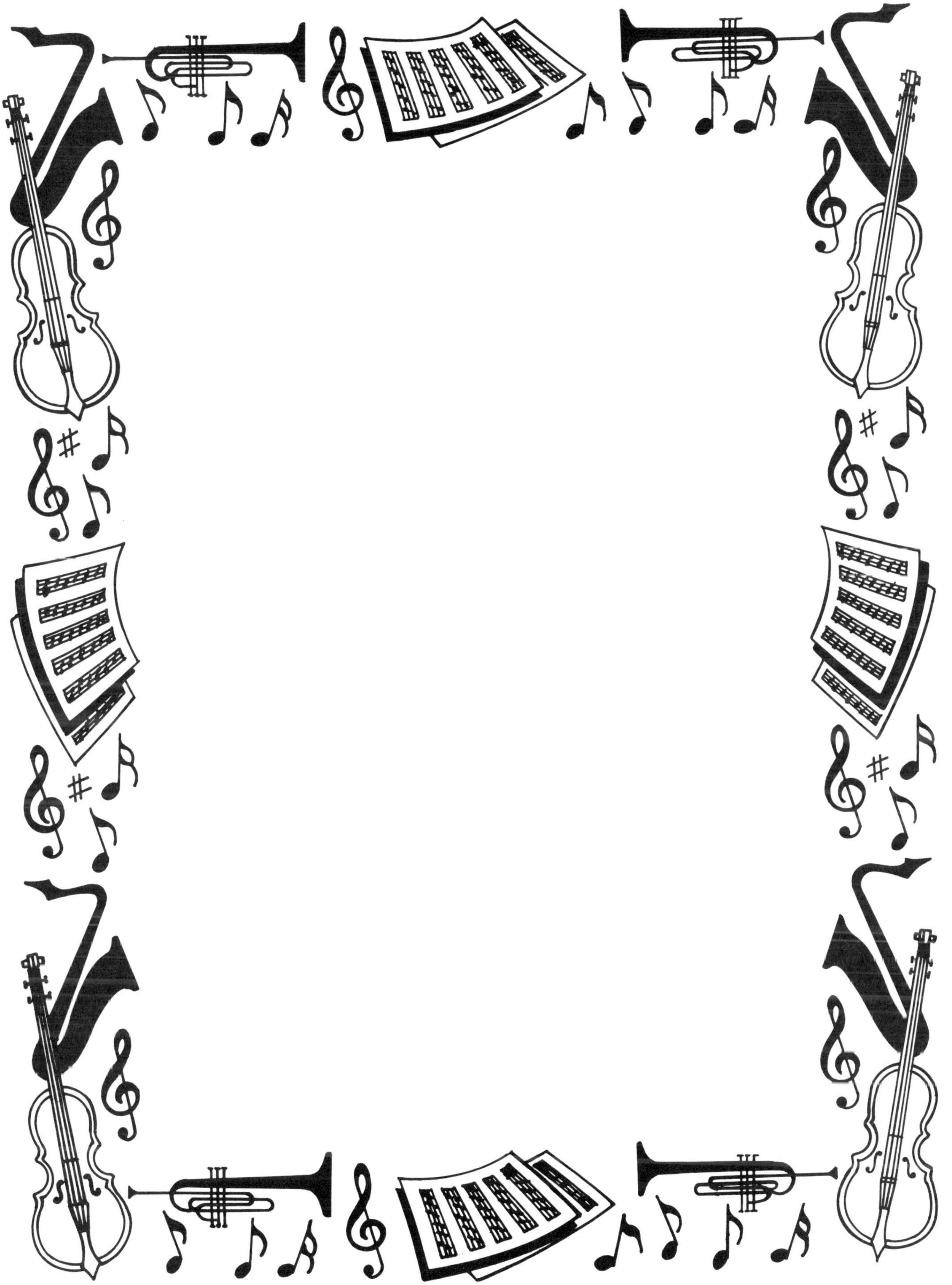

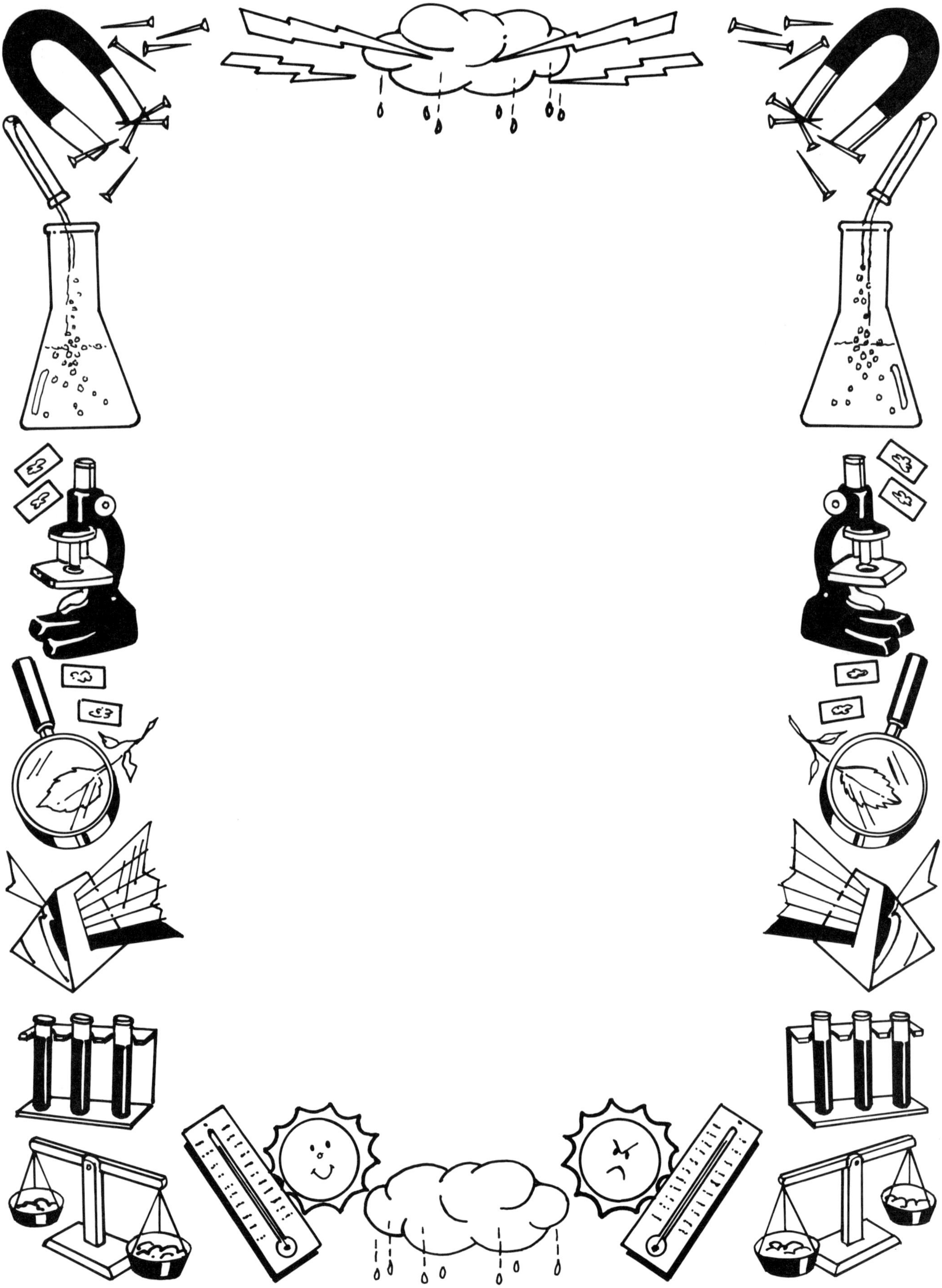

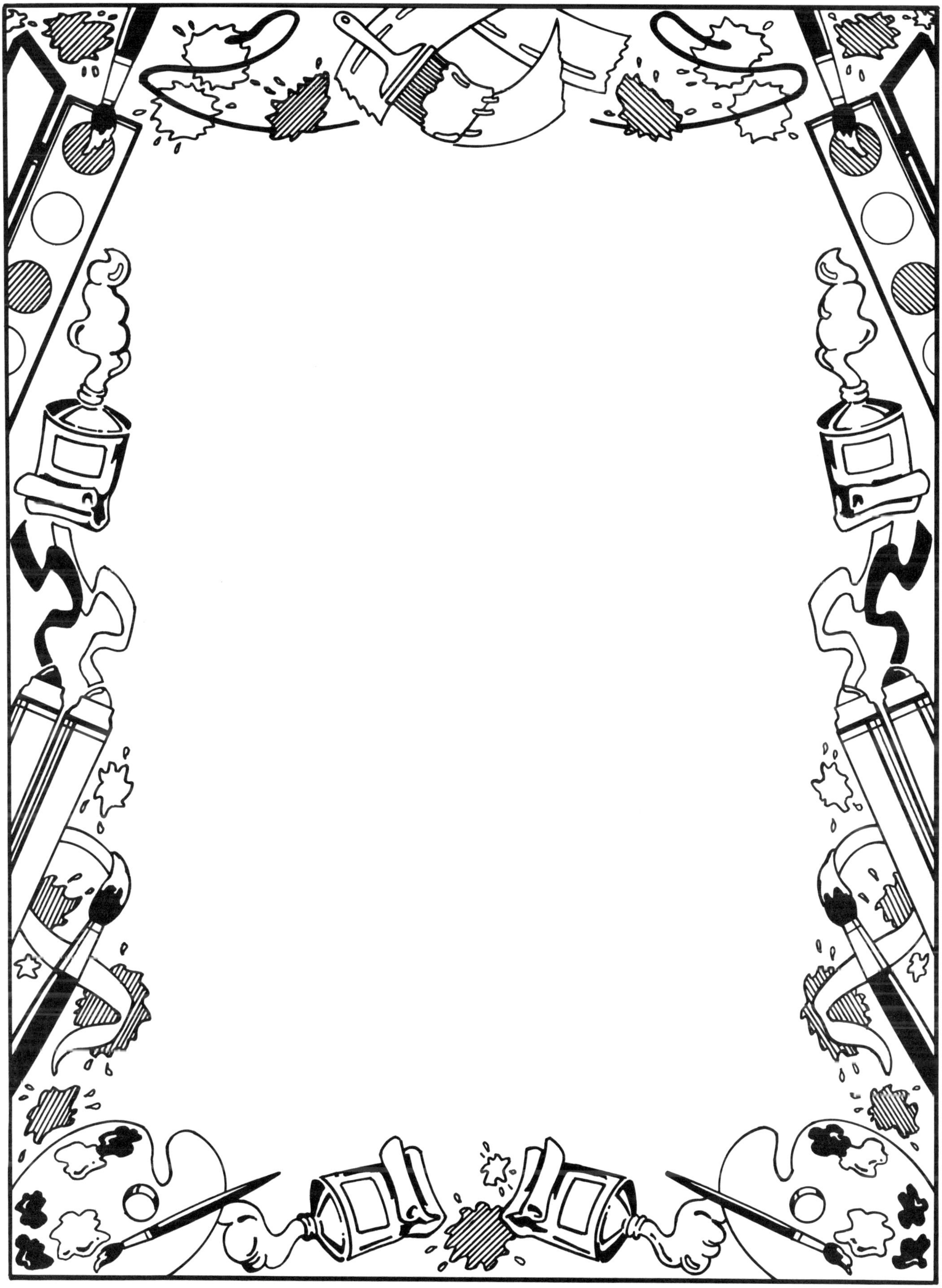

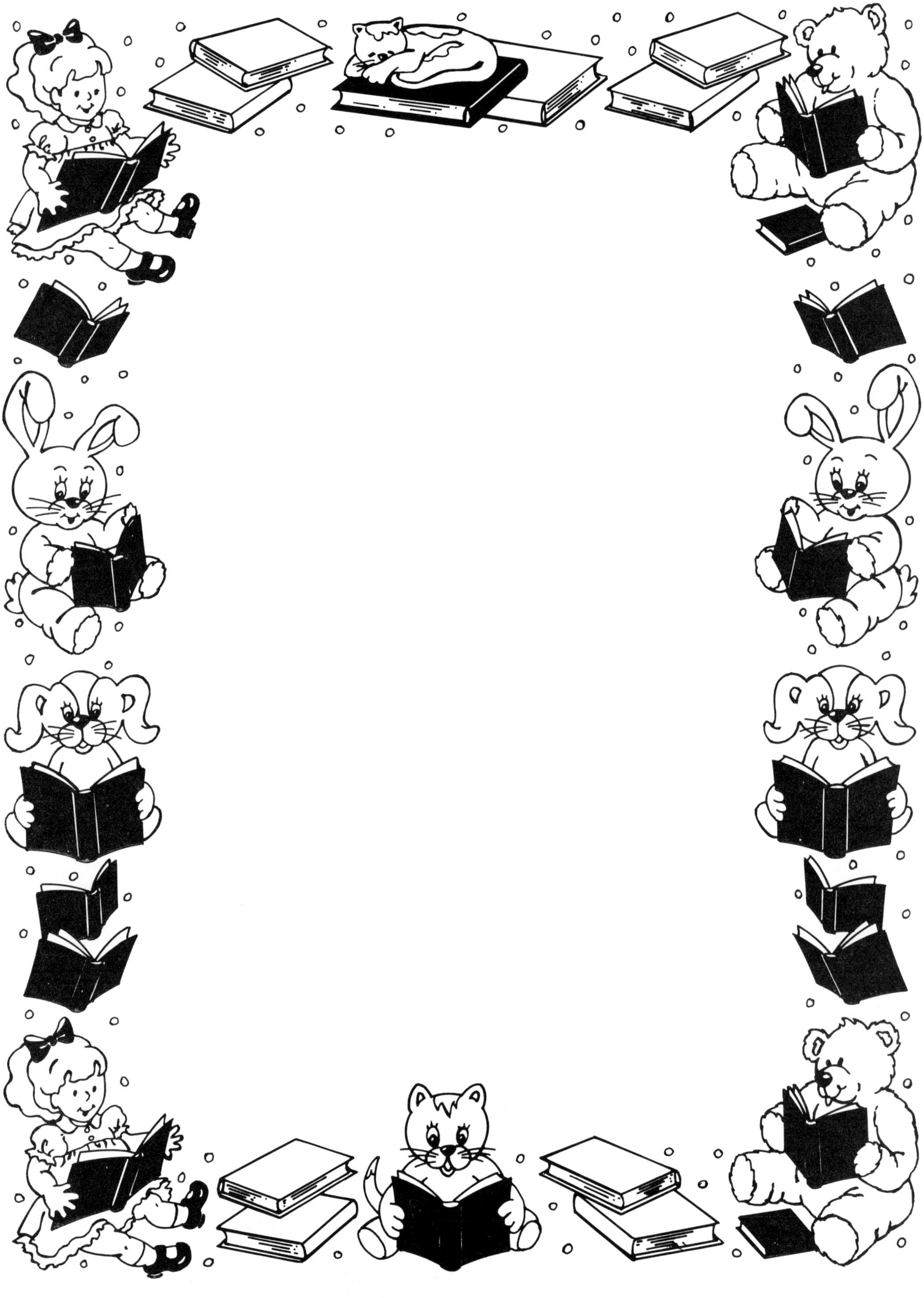

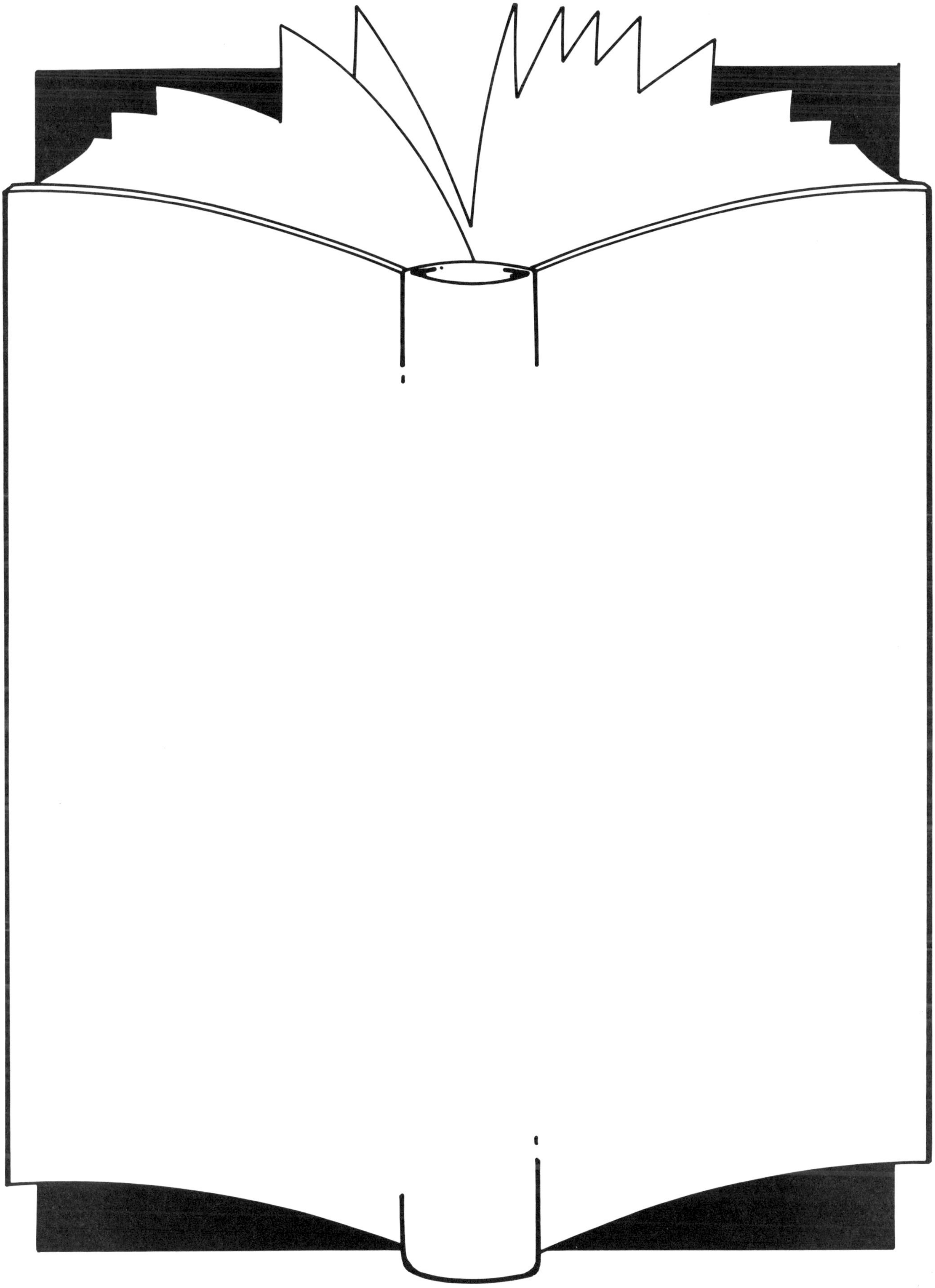

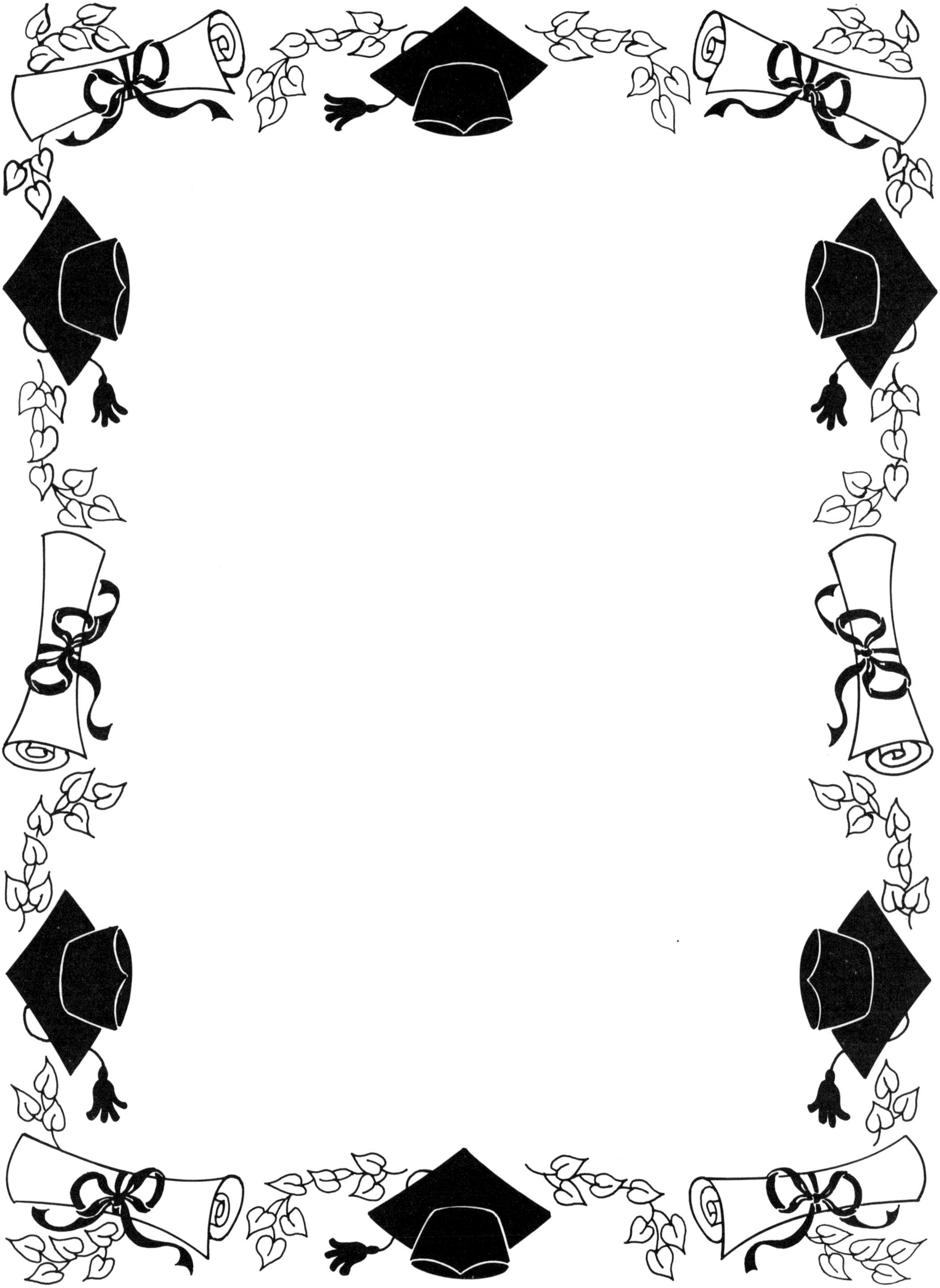

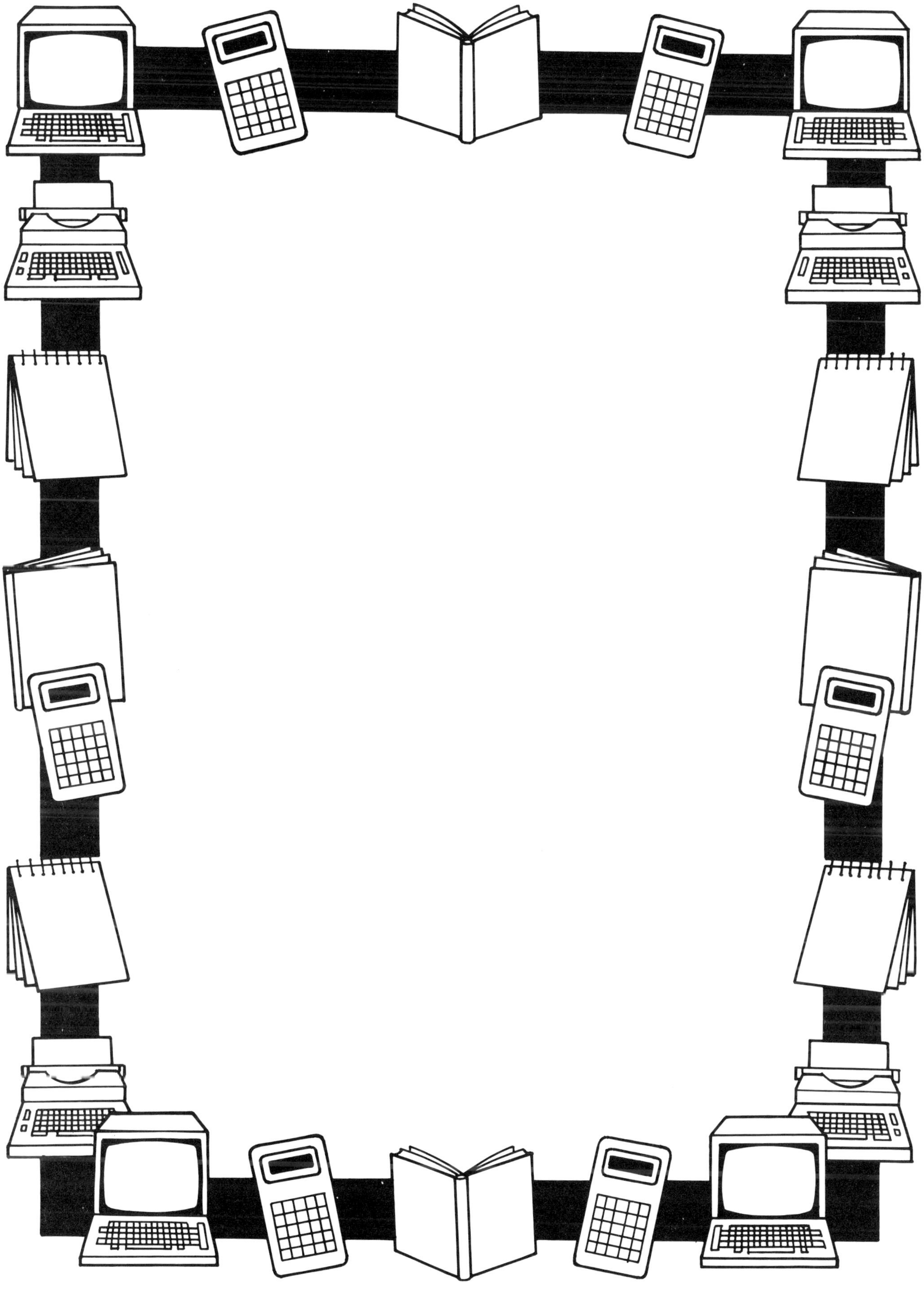

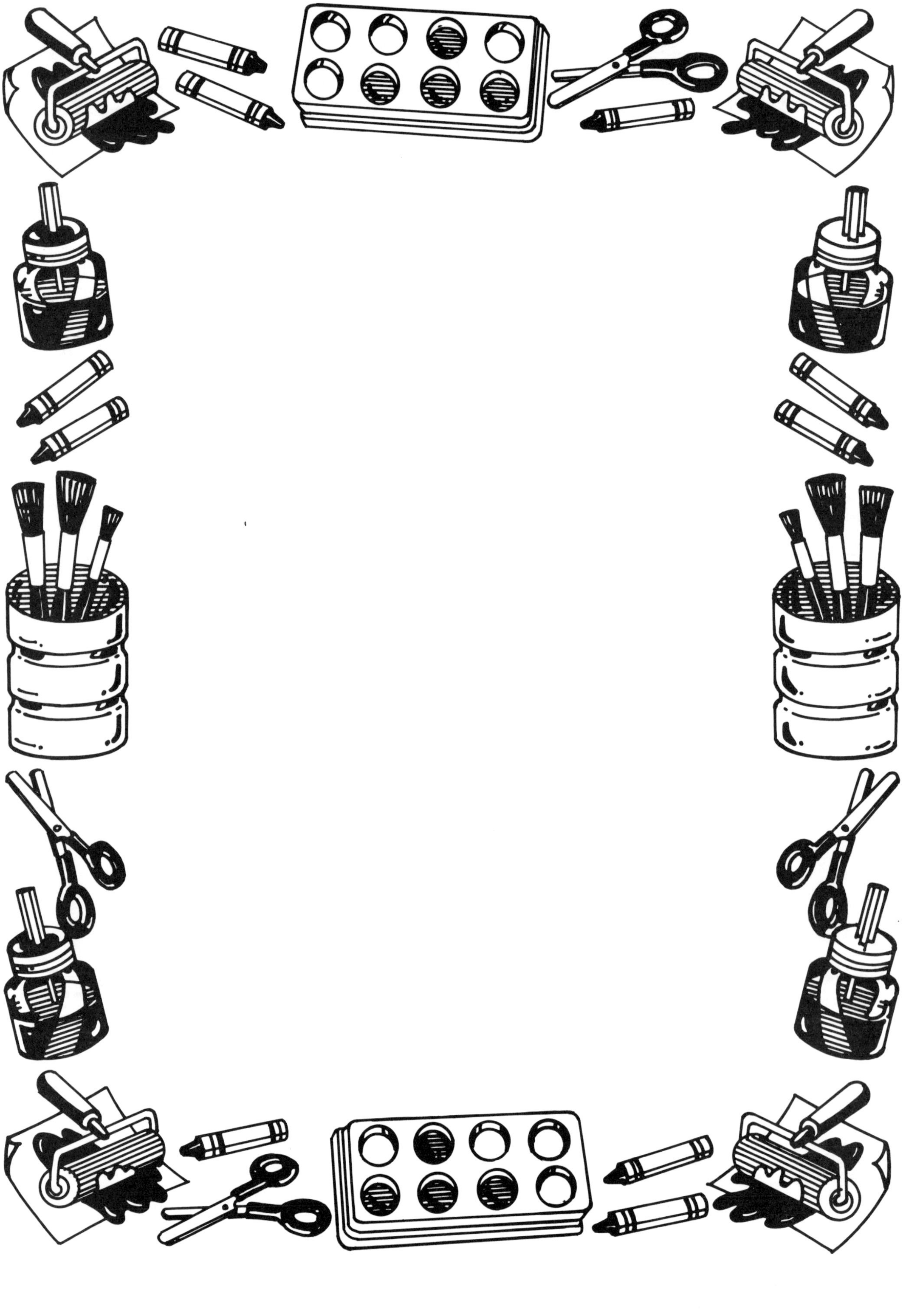

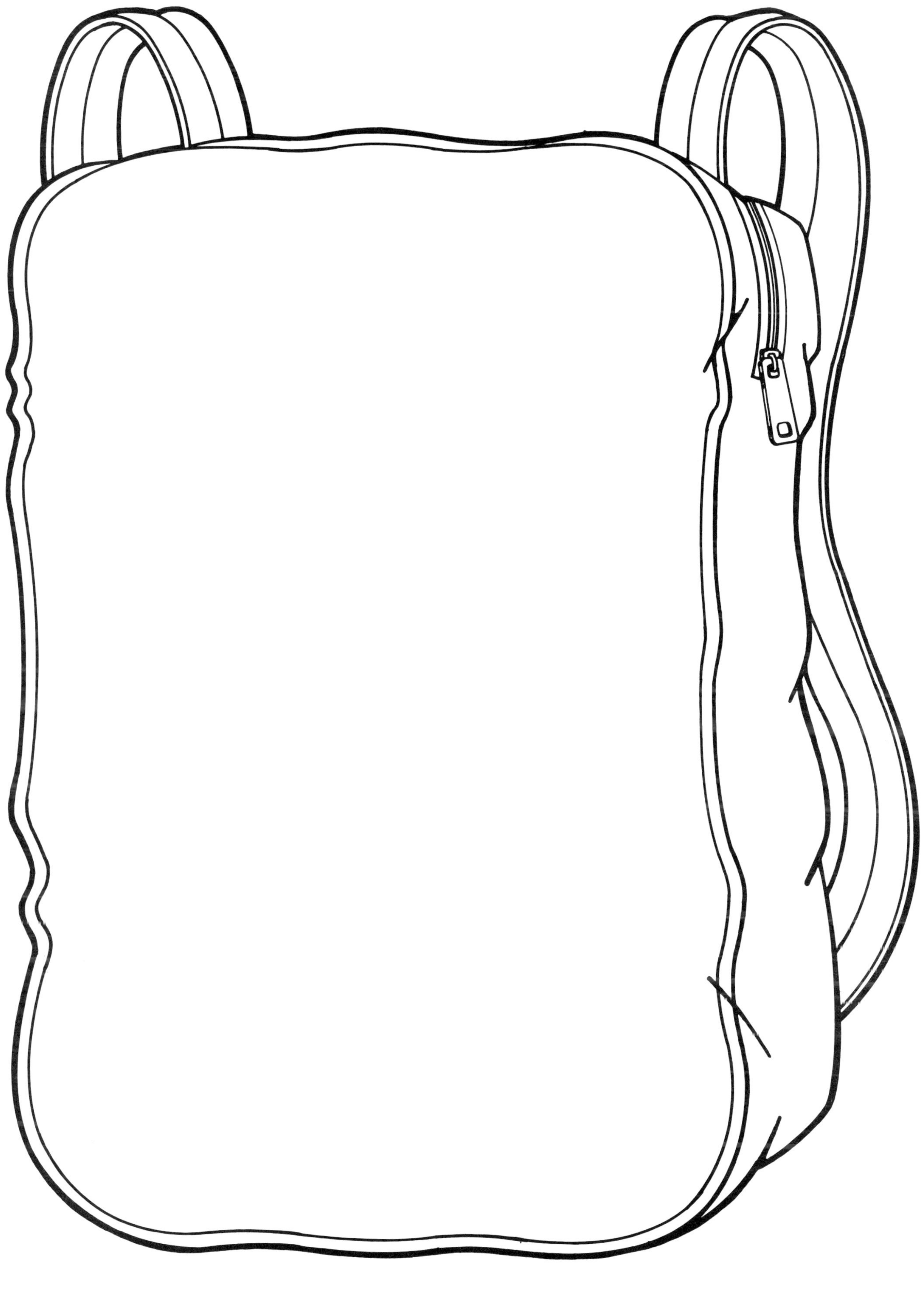

"BULLETIN BOARD"

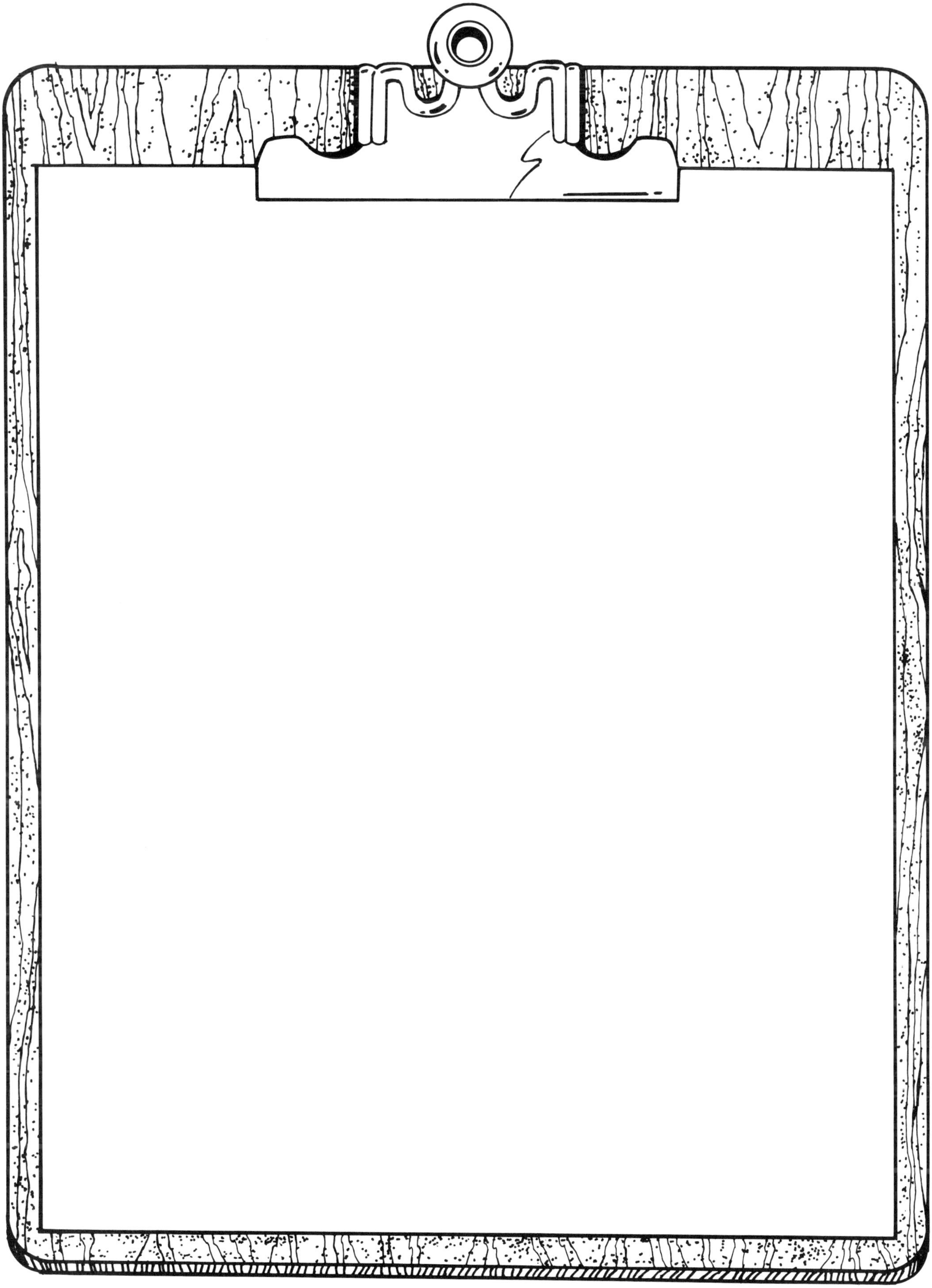

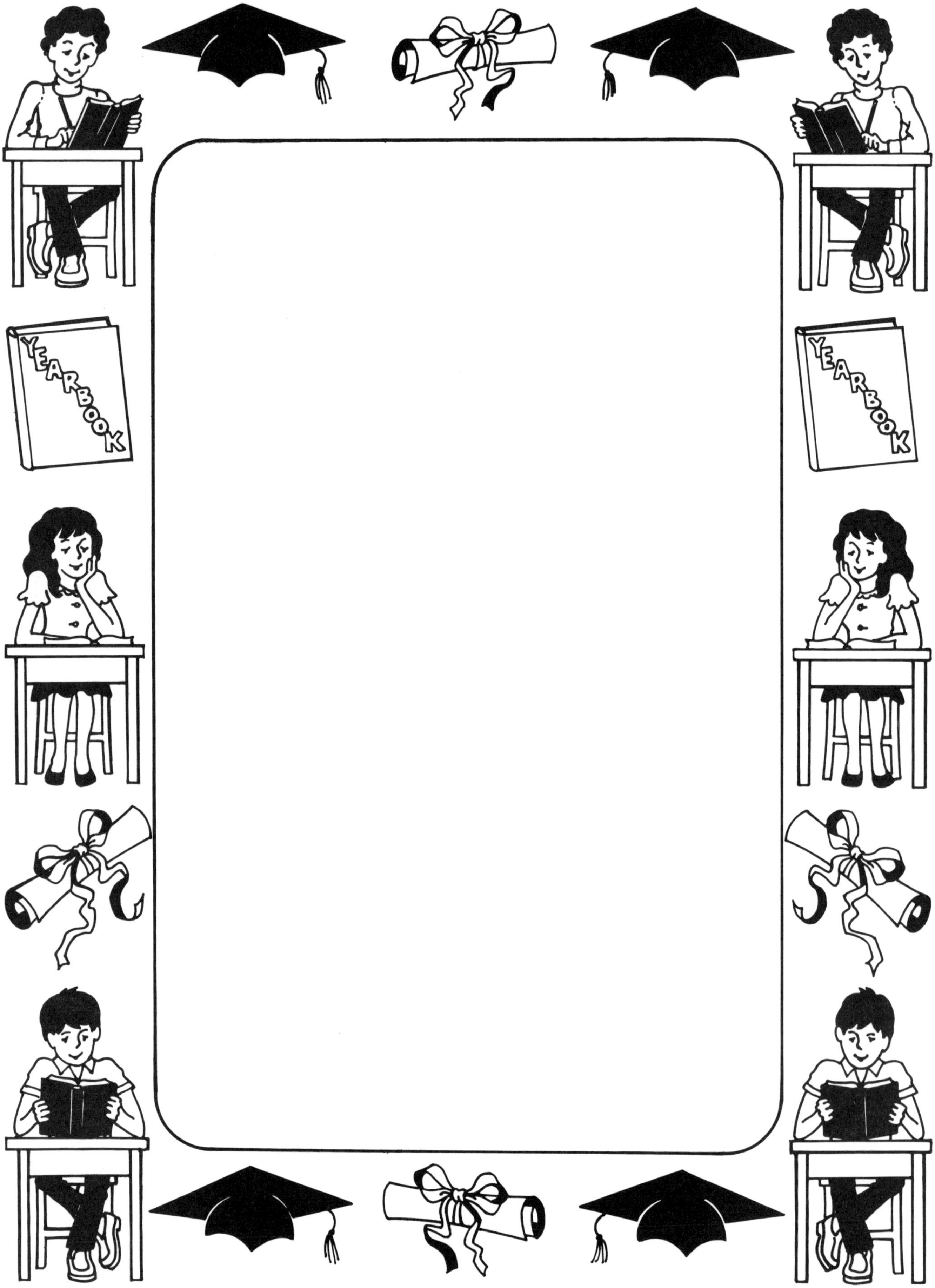
YEARBOOK
YEARBOOK

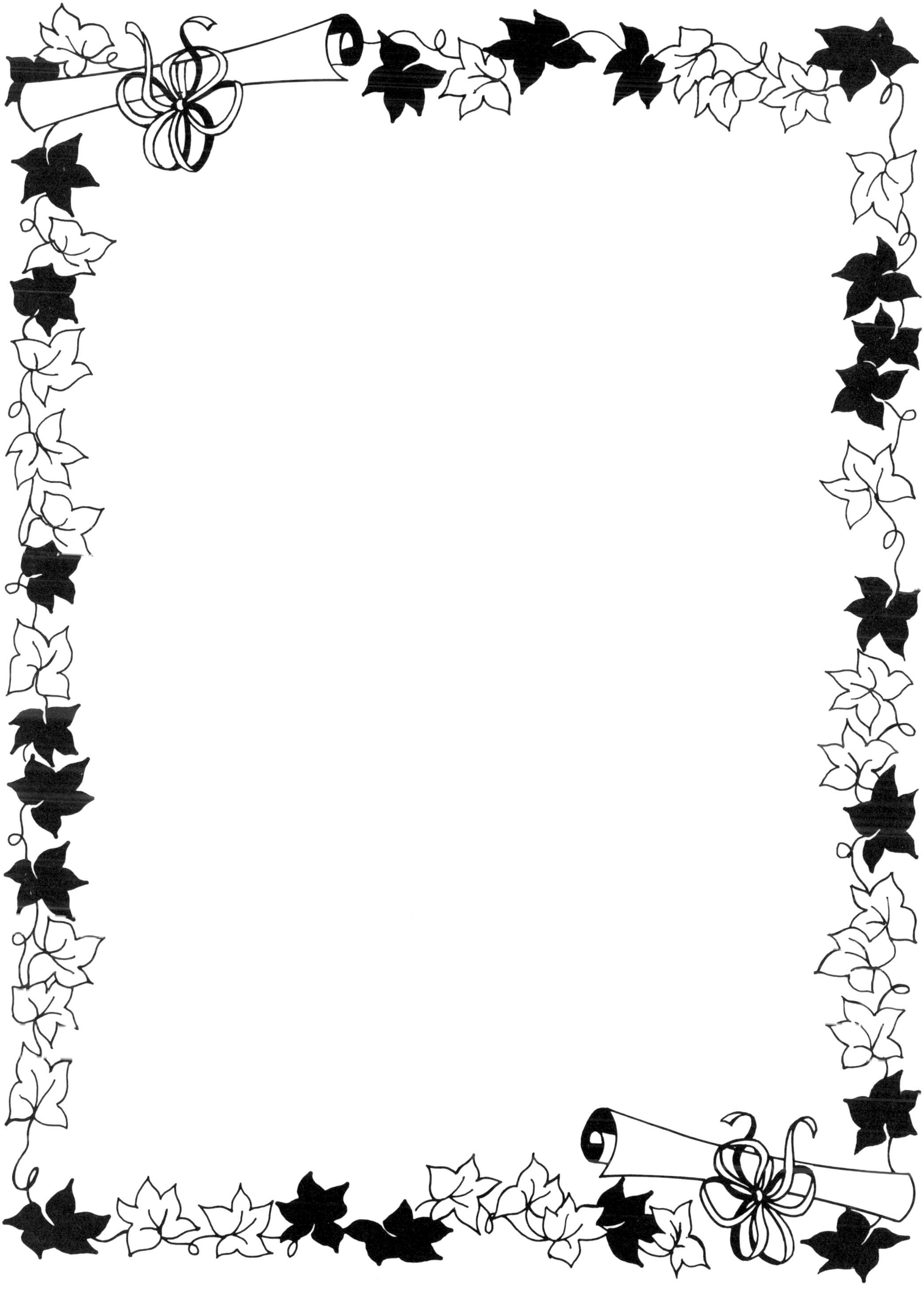

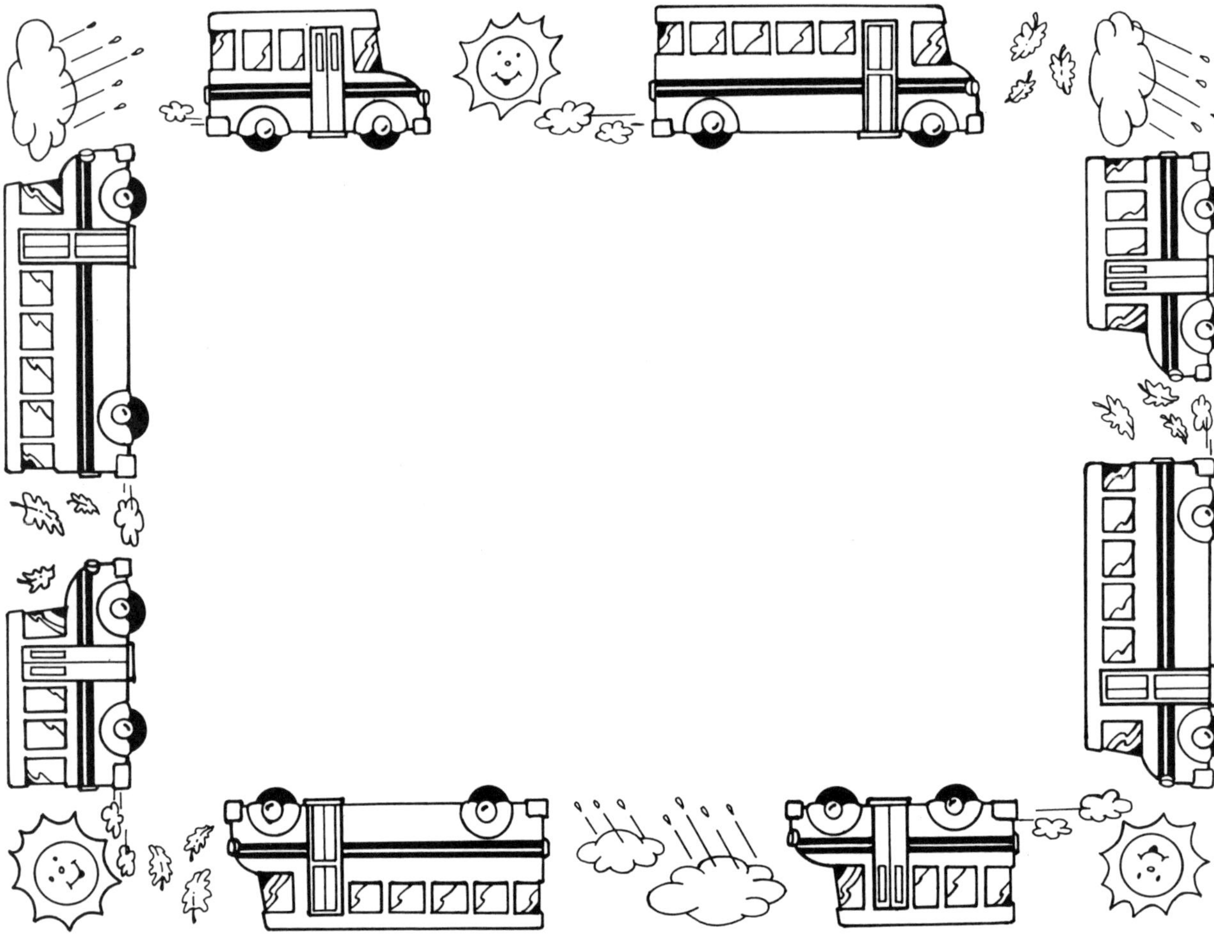

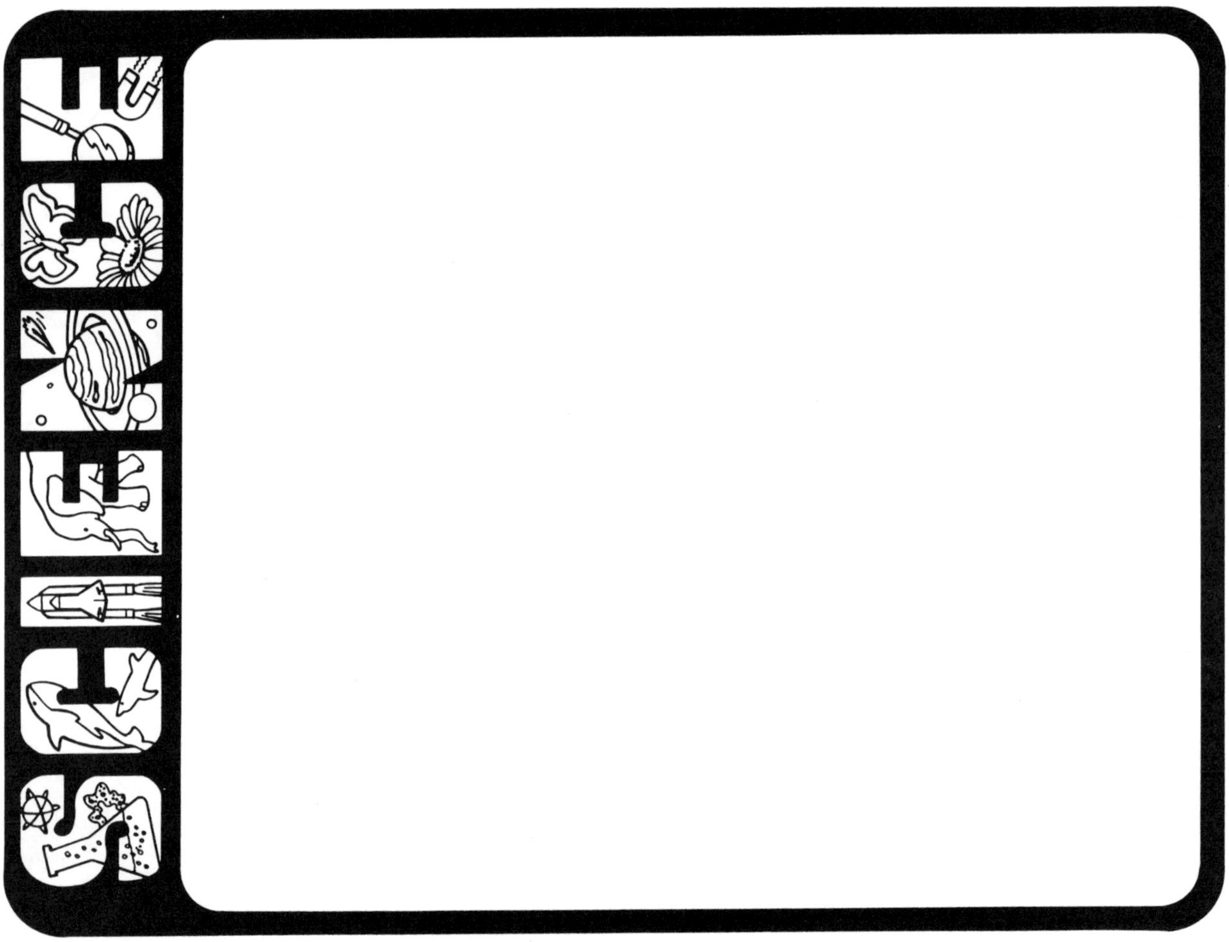
SCIENCE

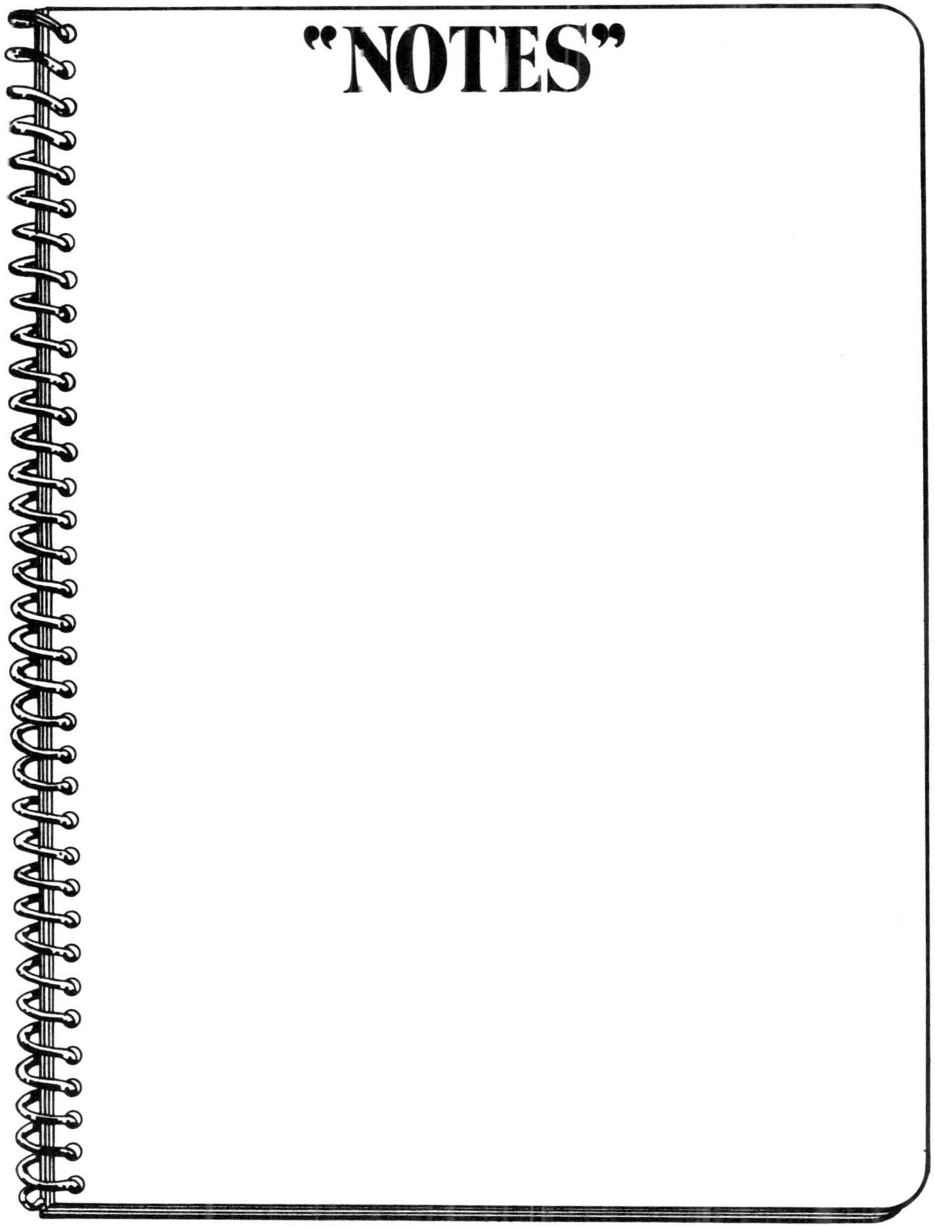
"NOTES"
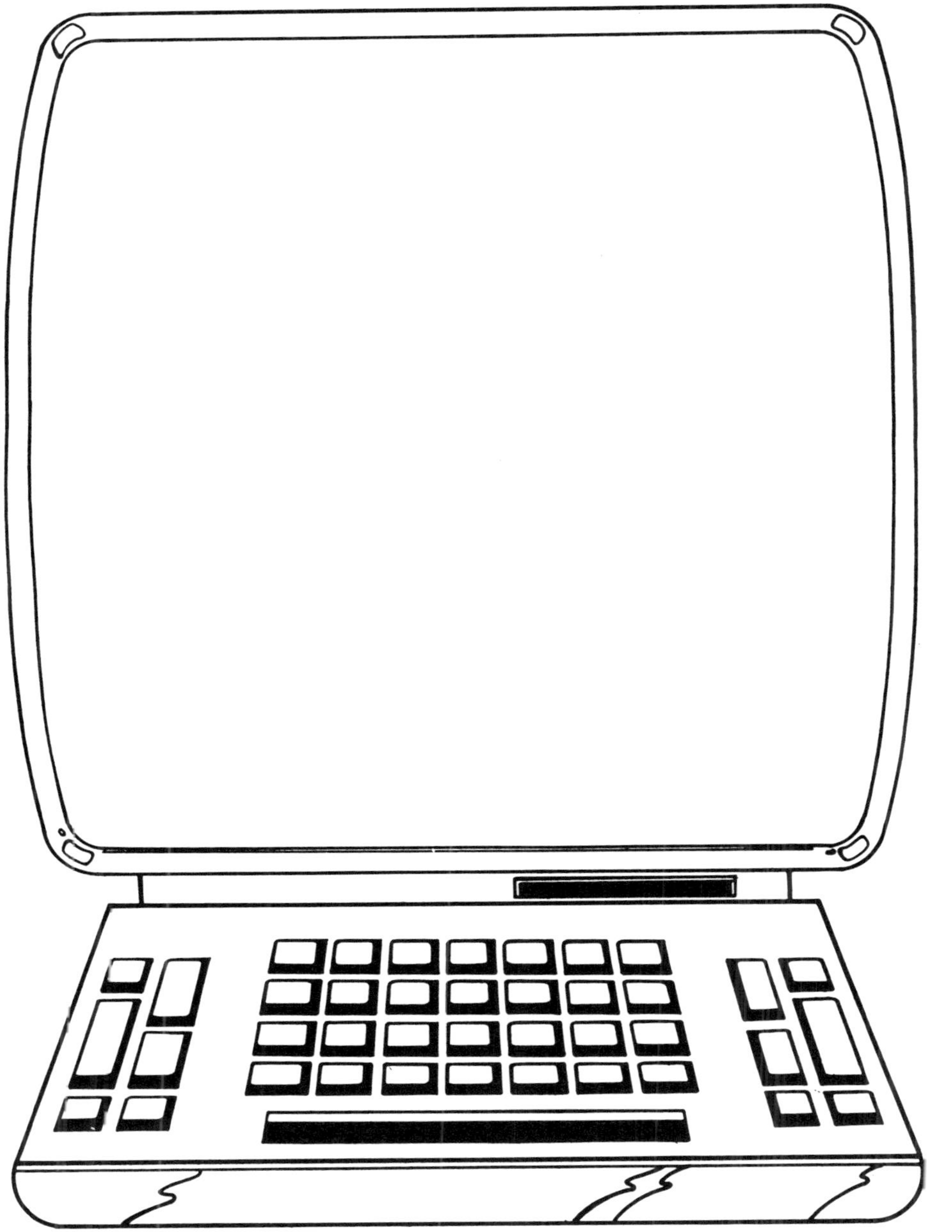

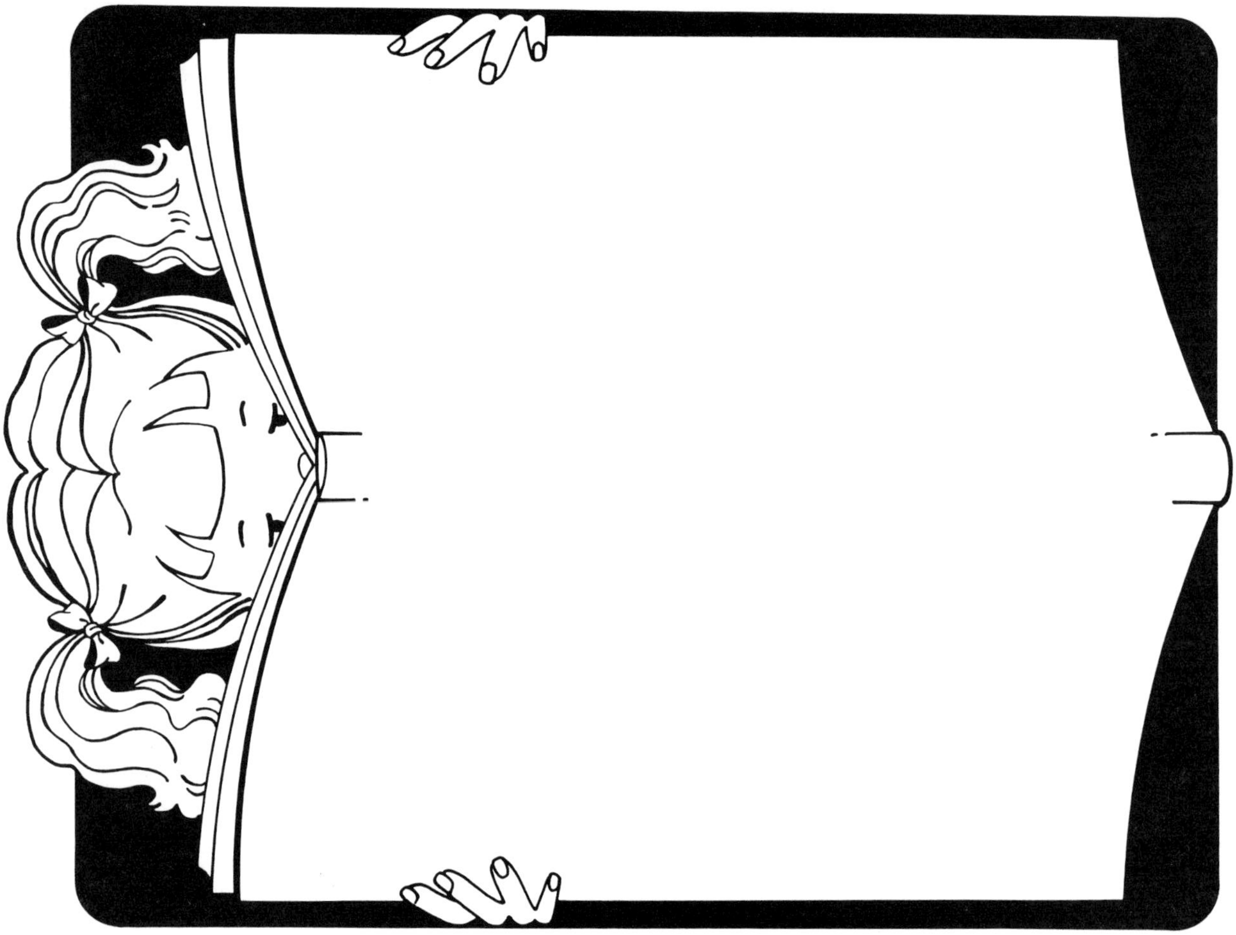

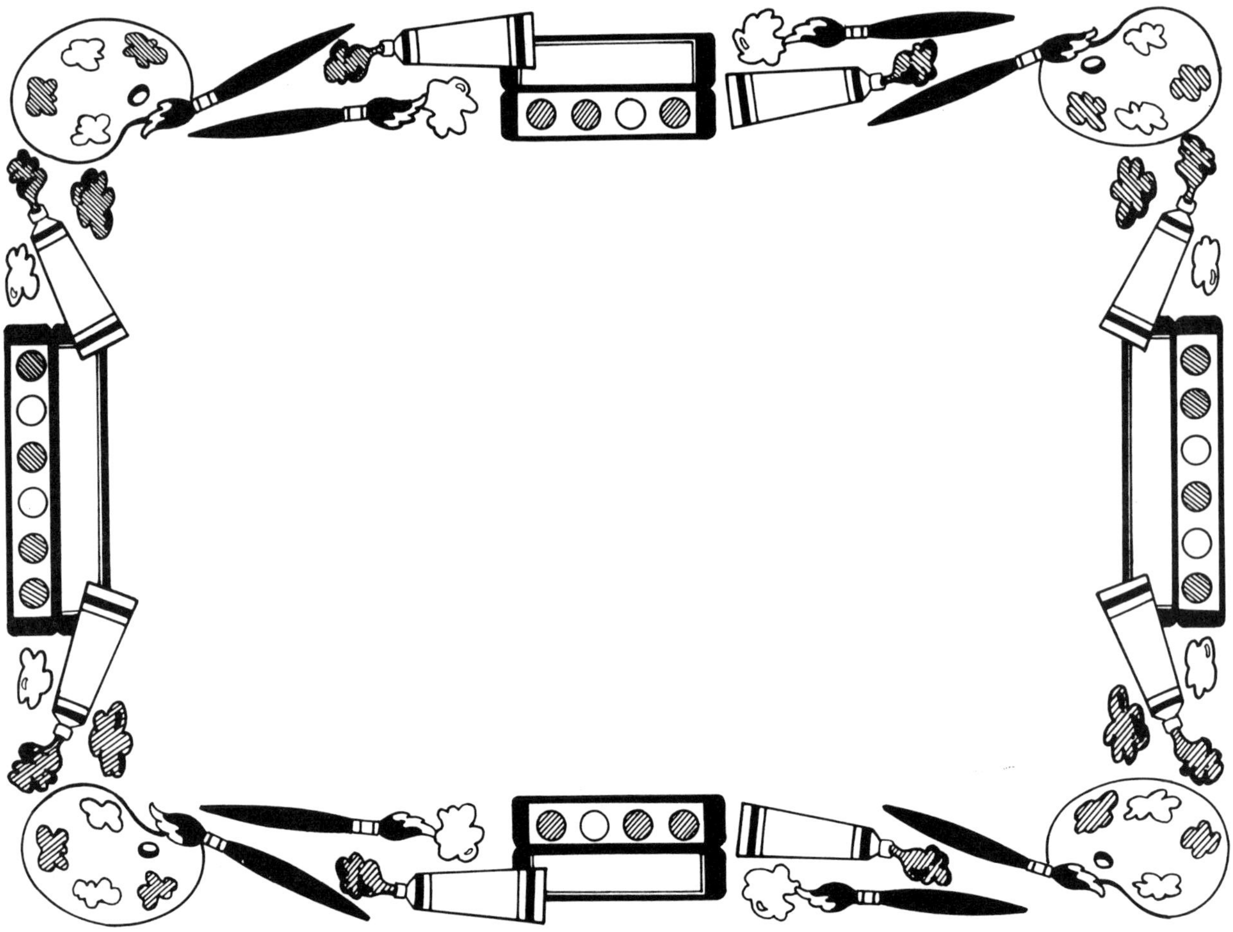

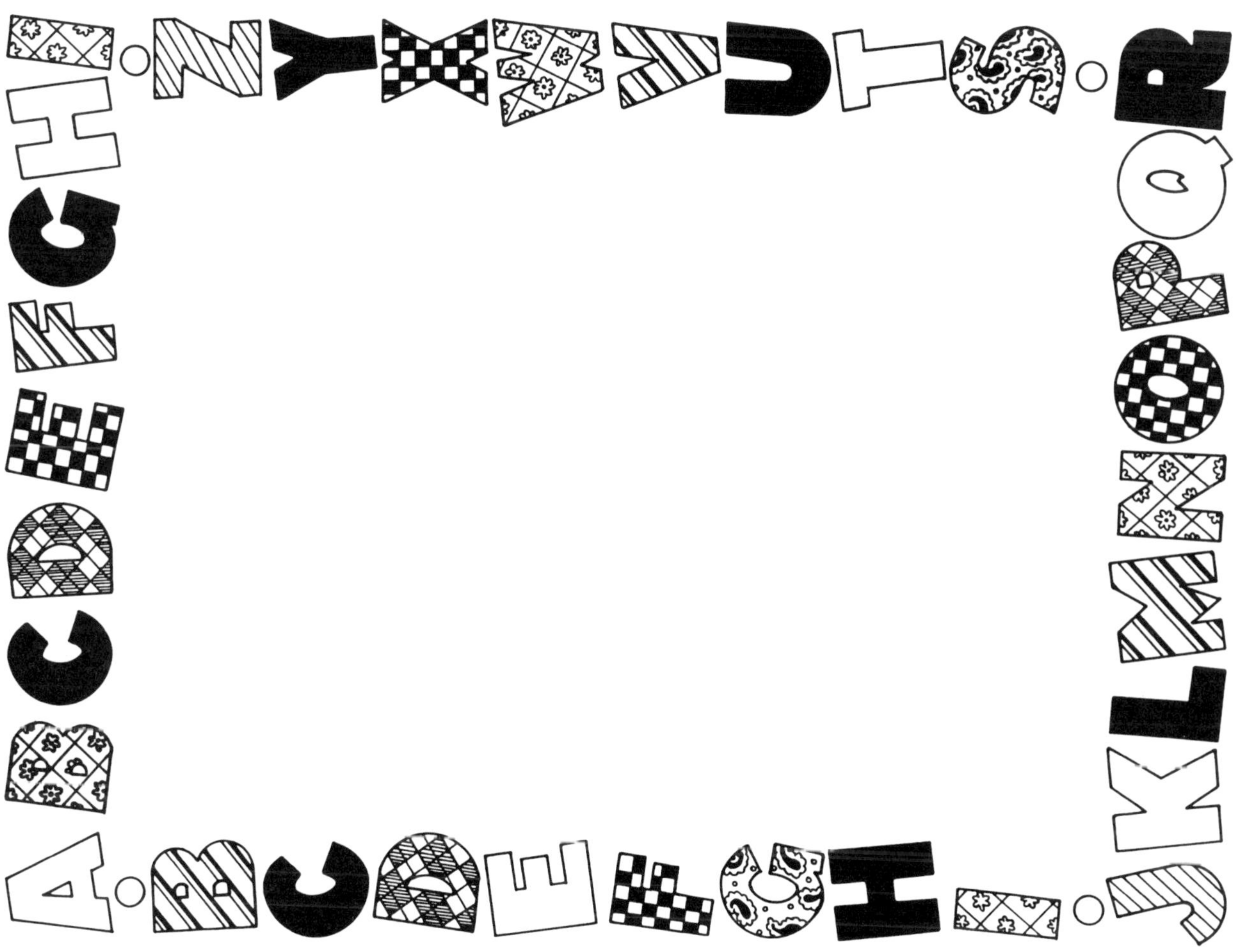

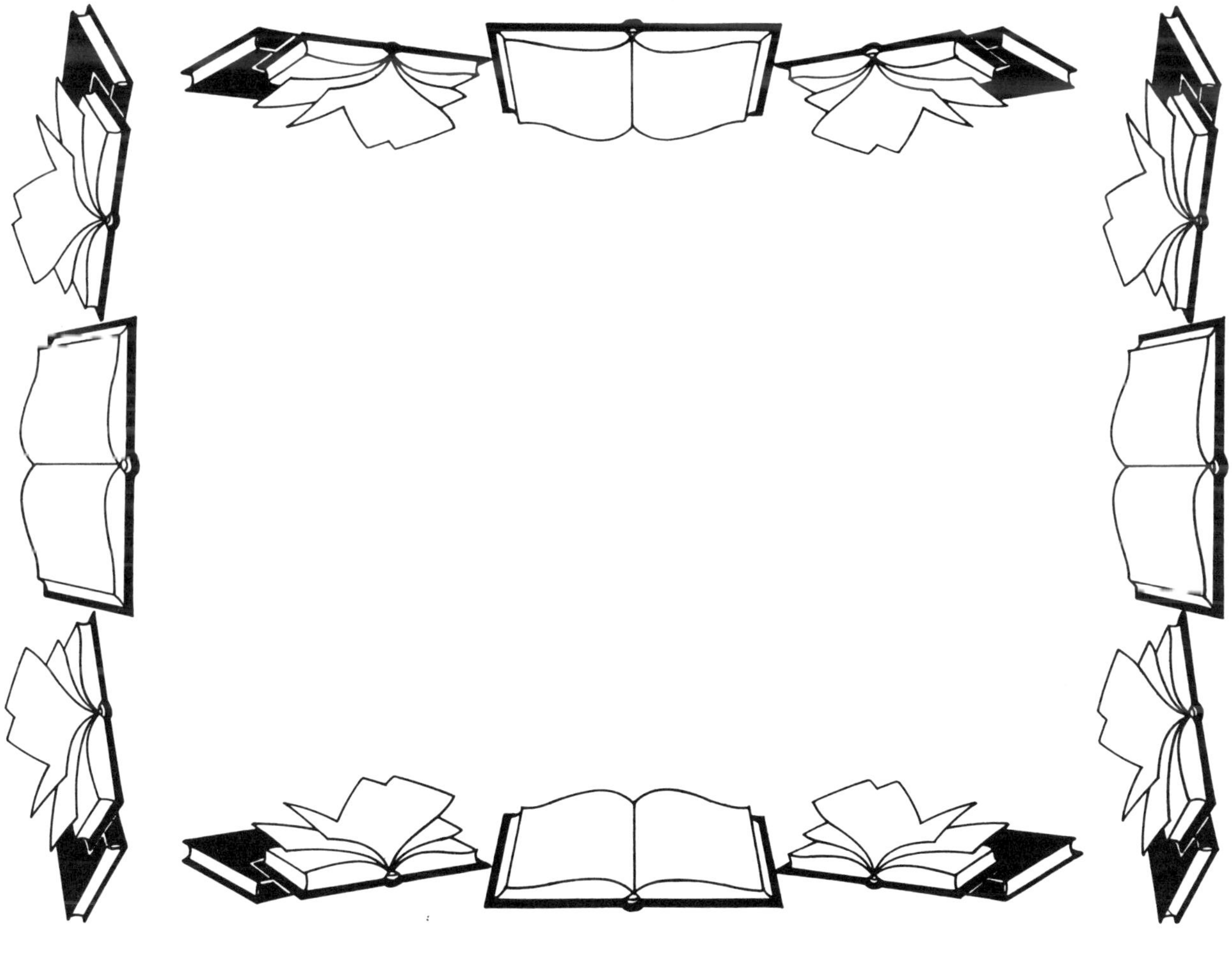

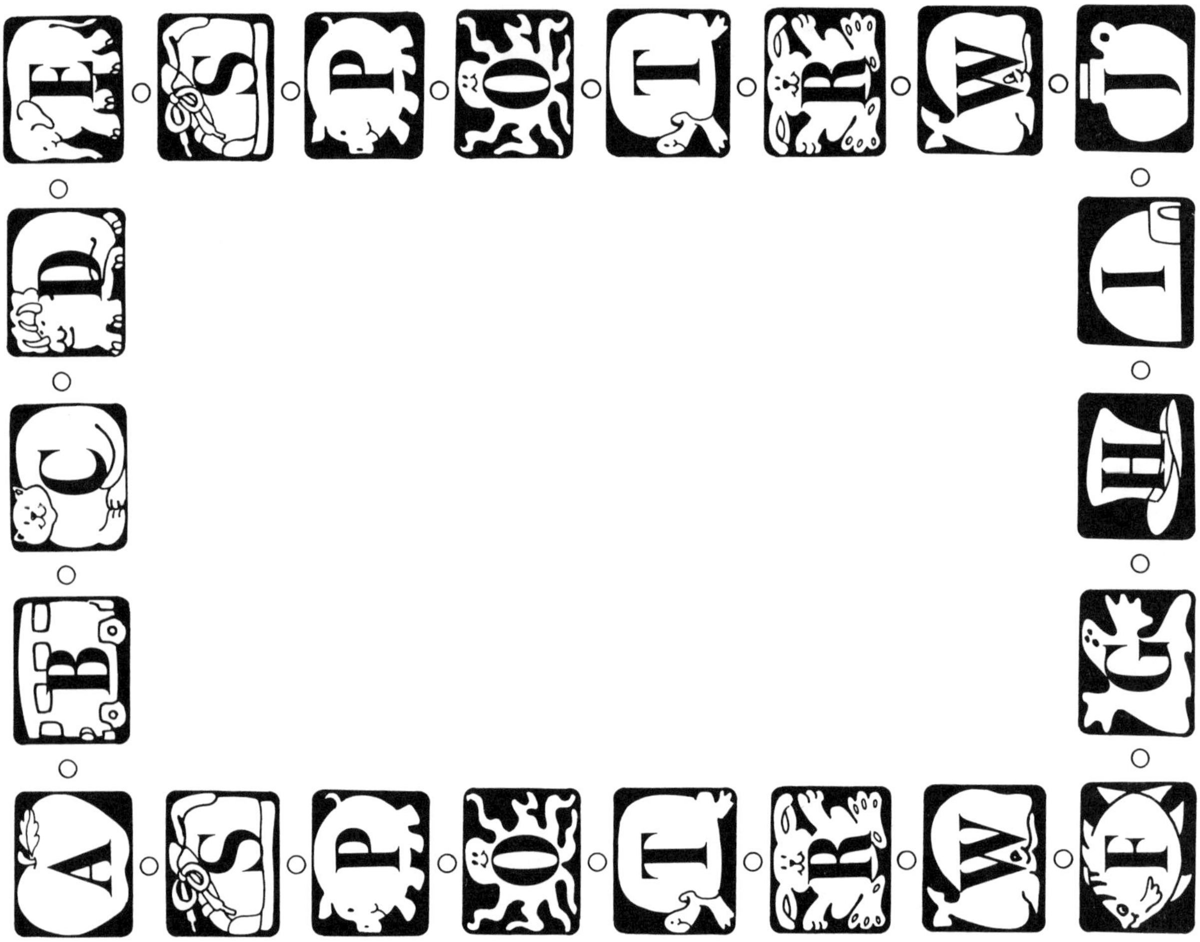

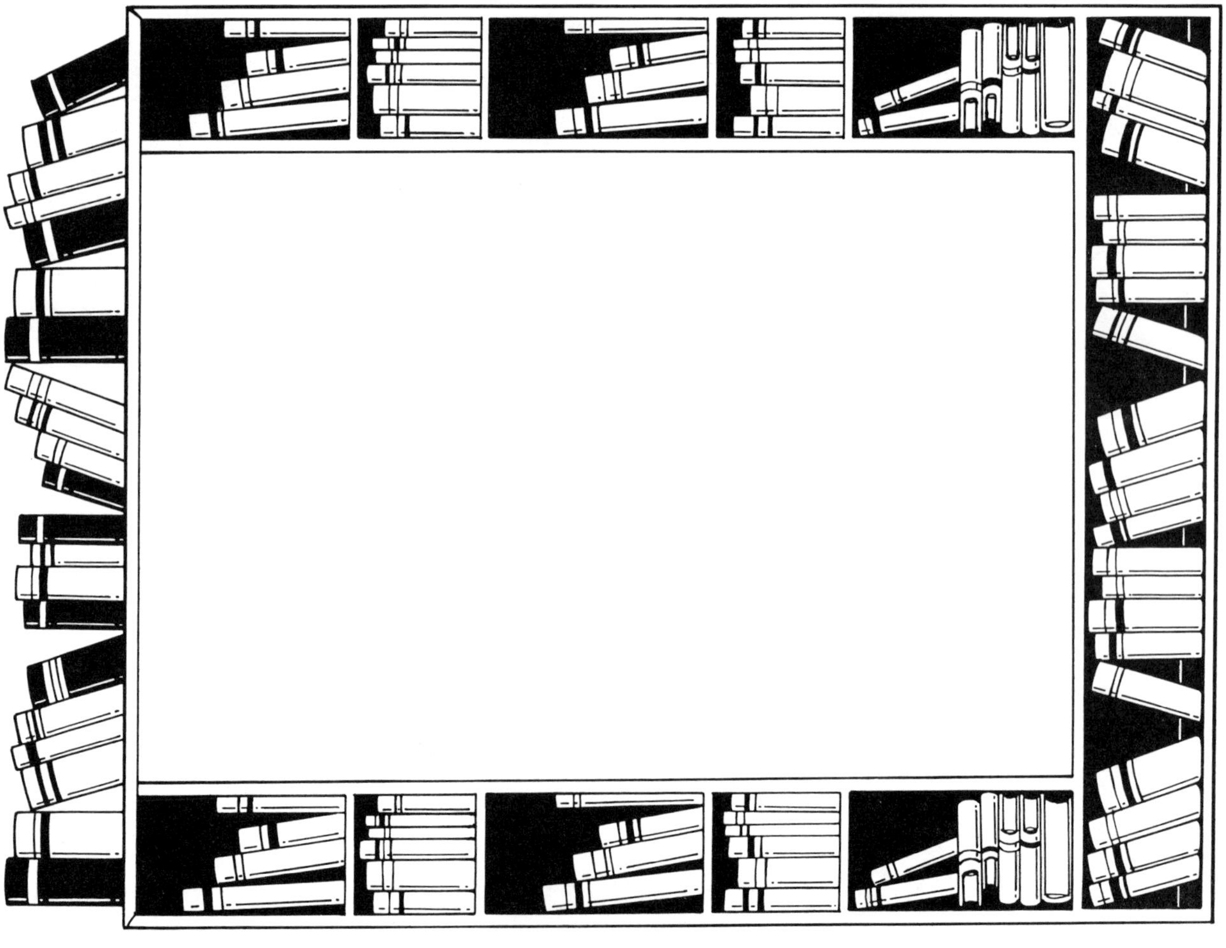

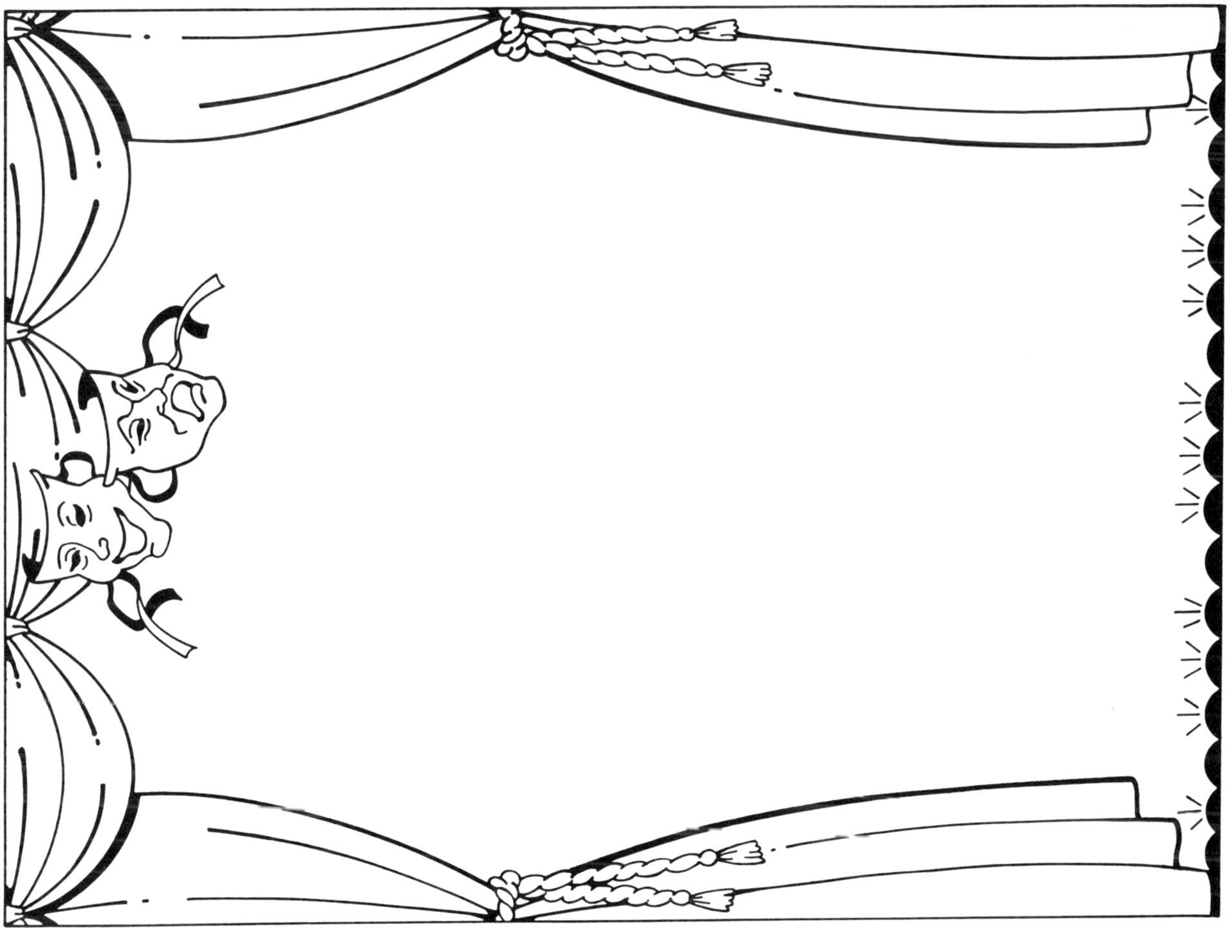

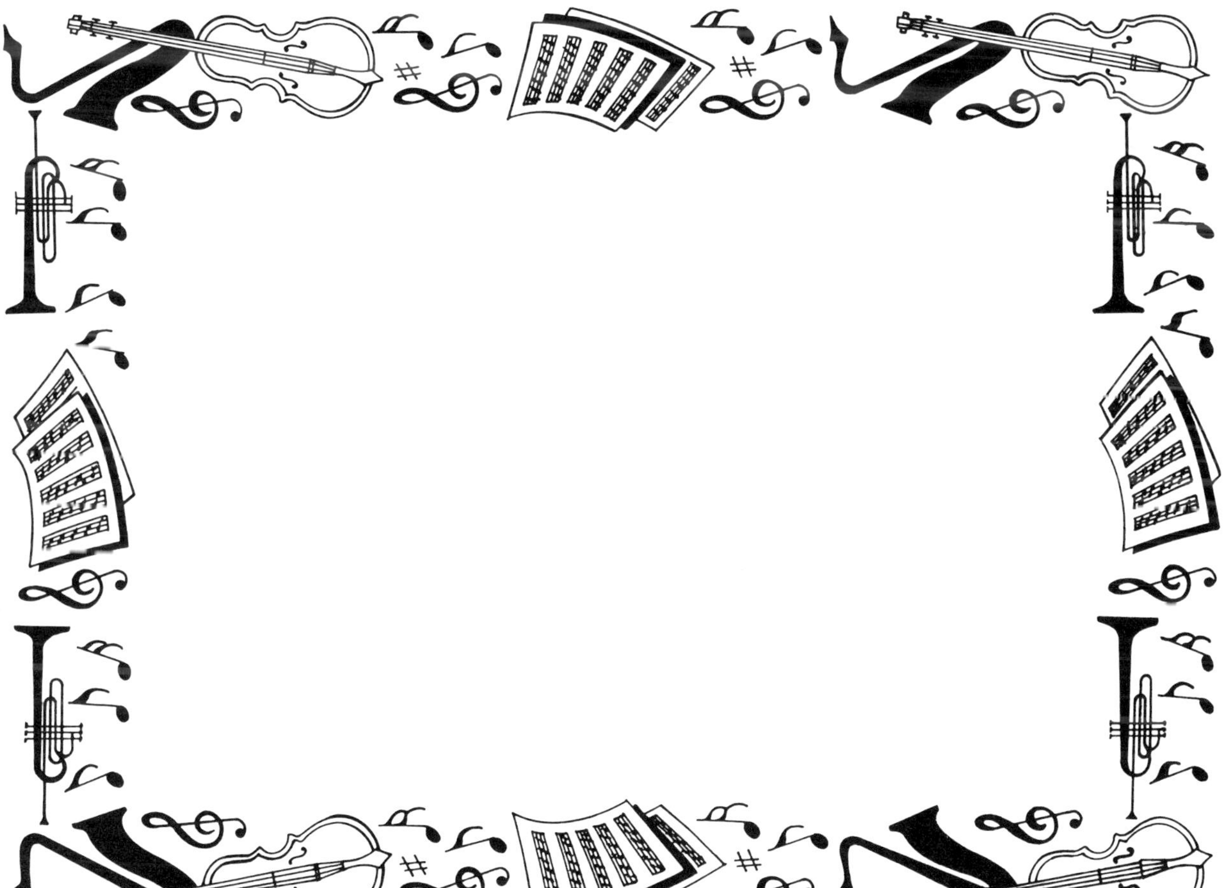

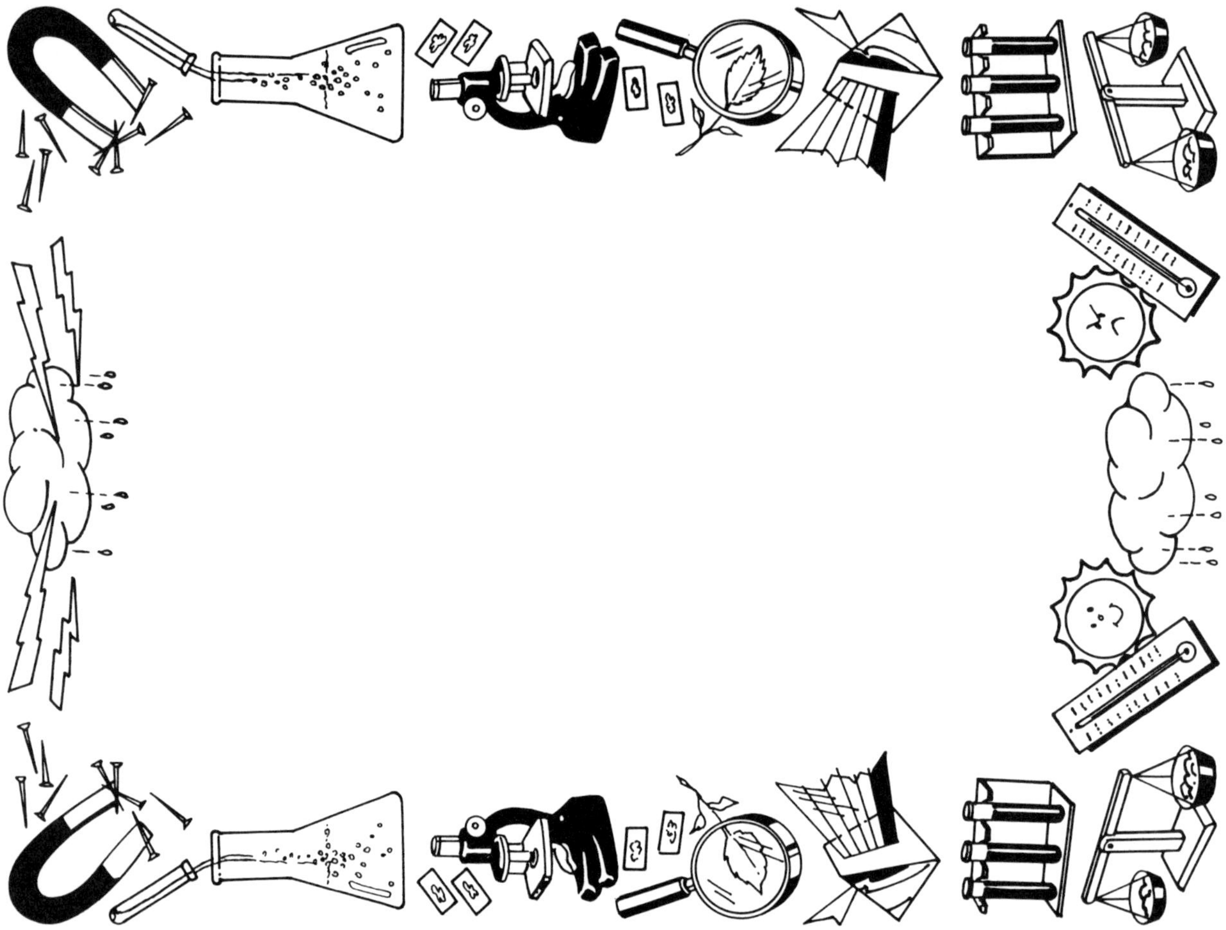

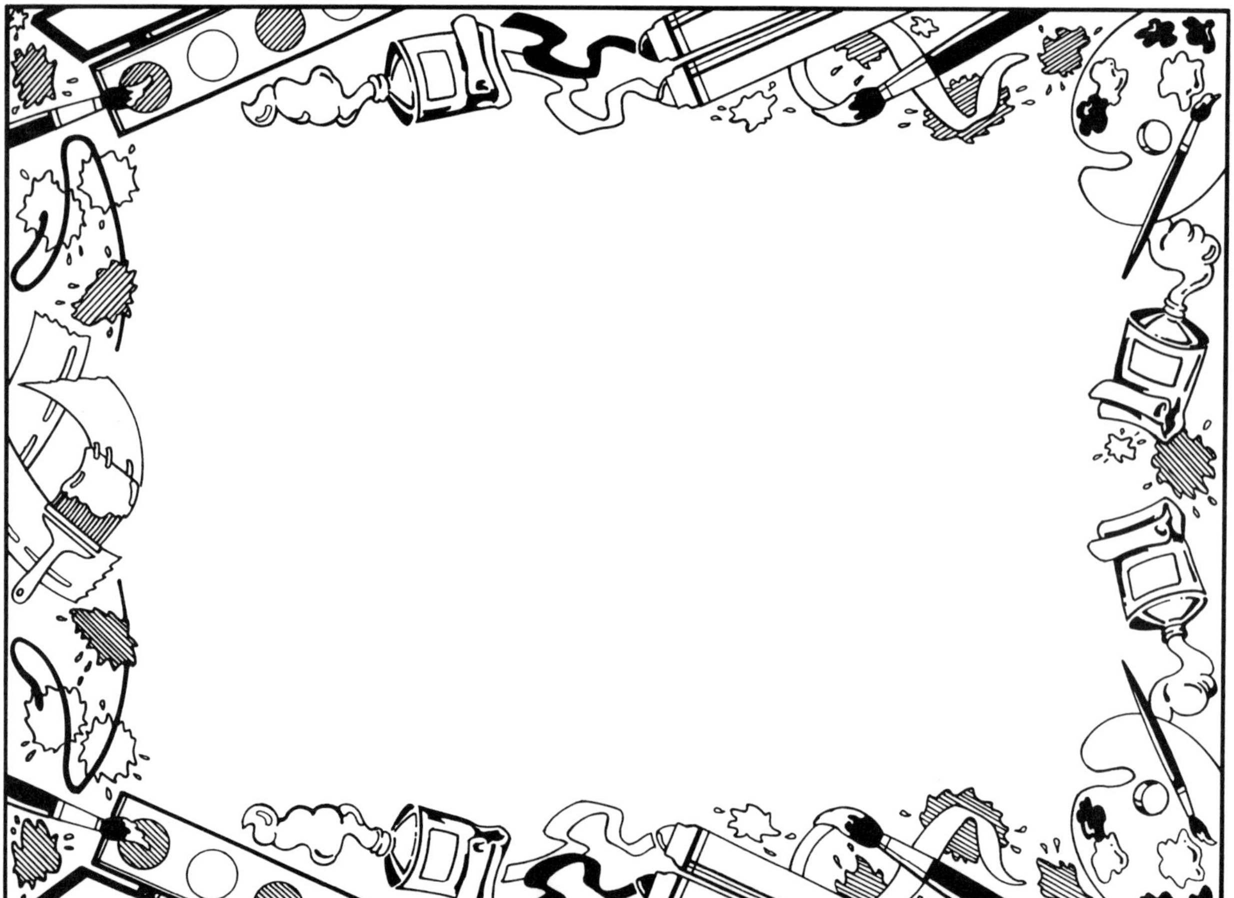

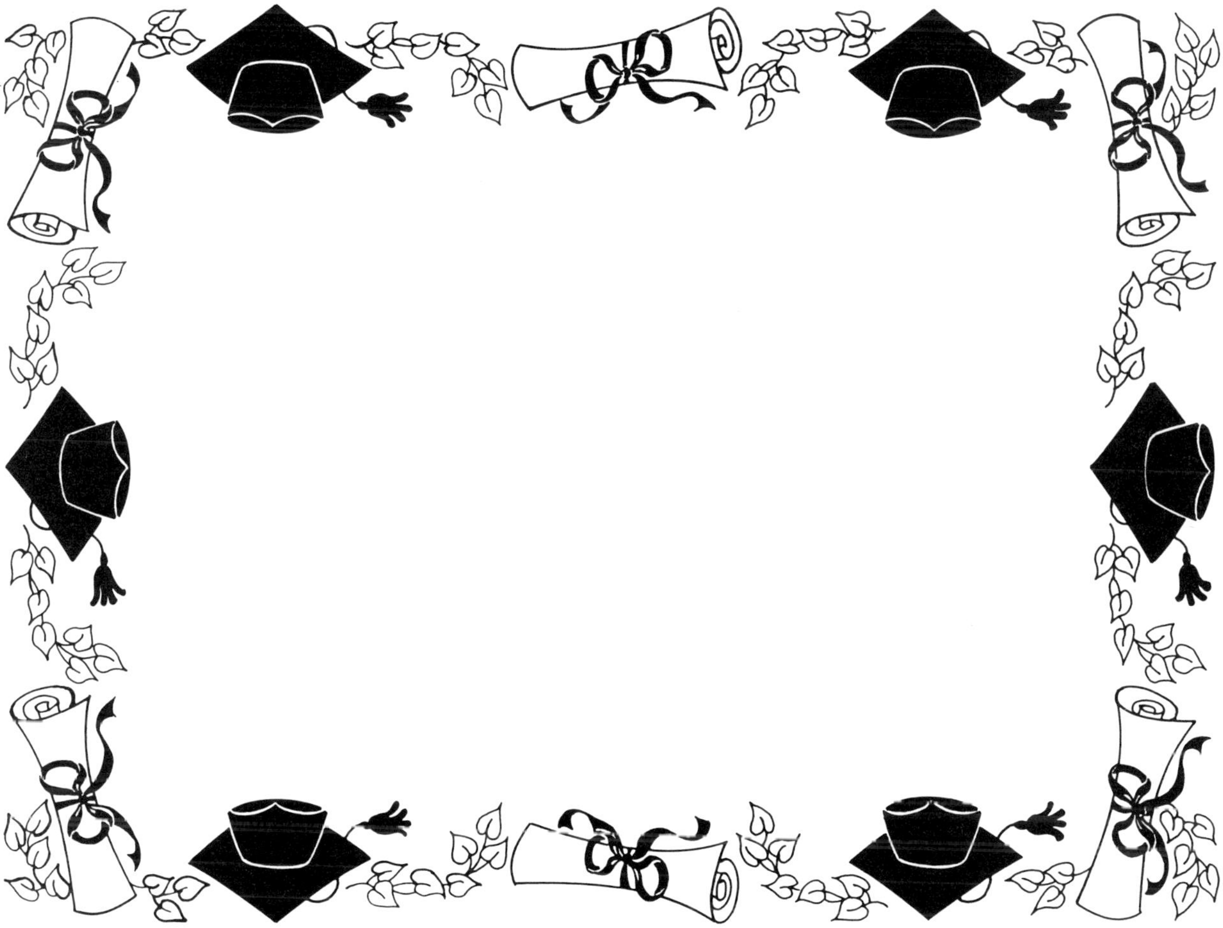

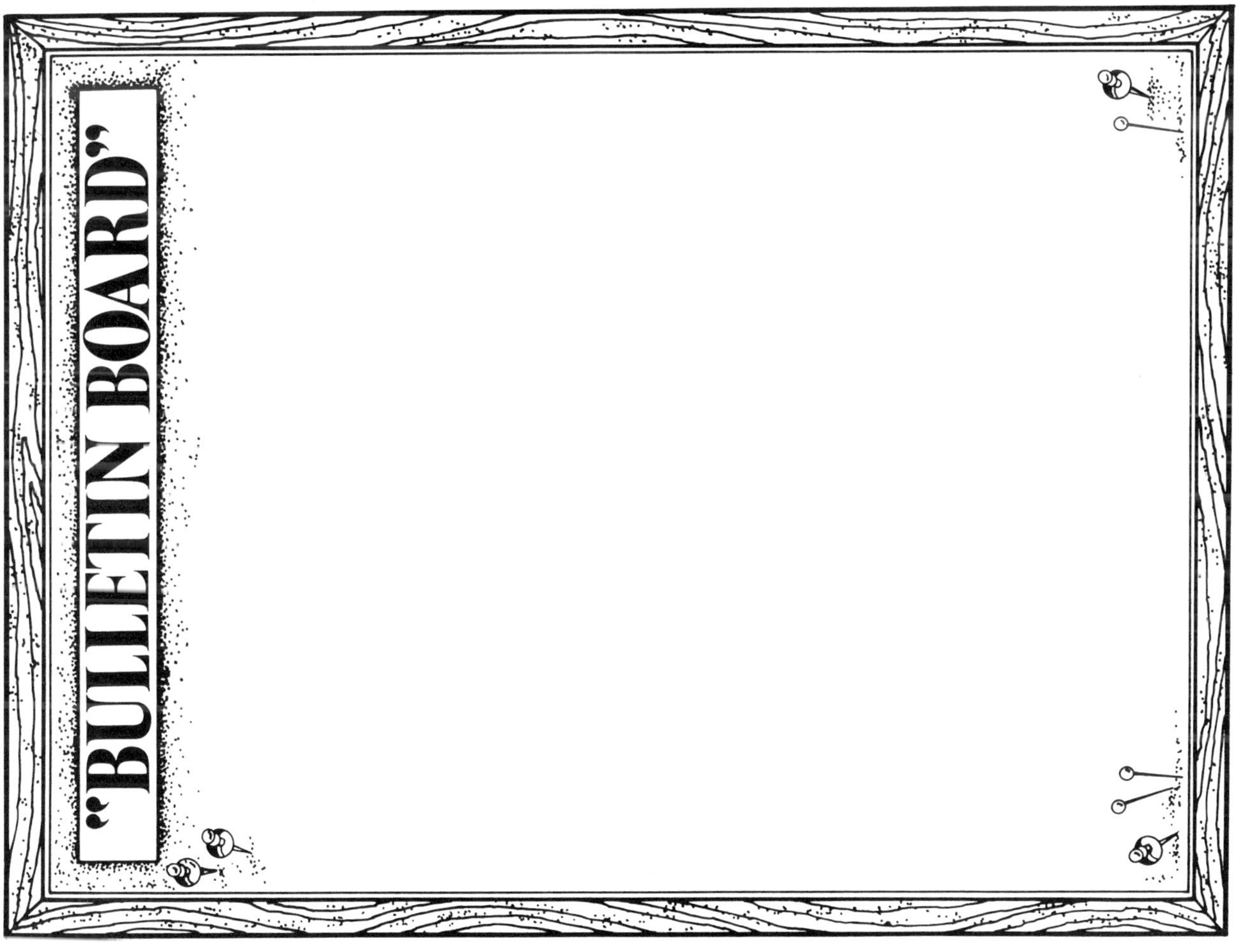
"BULLETIN BOARD"

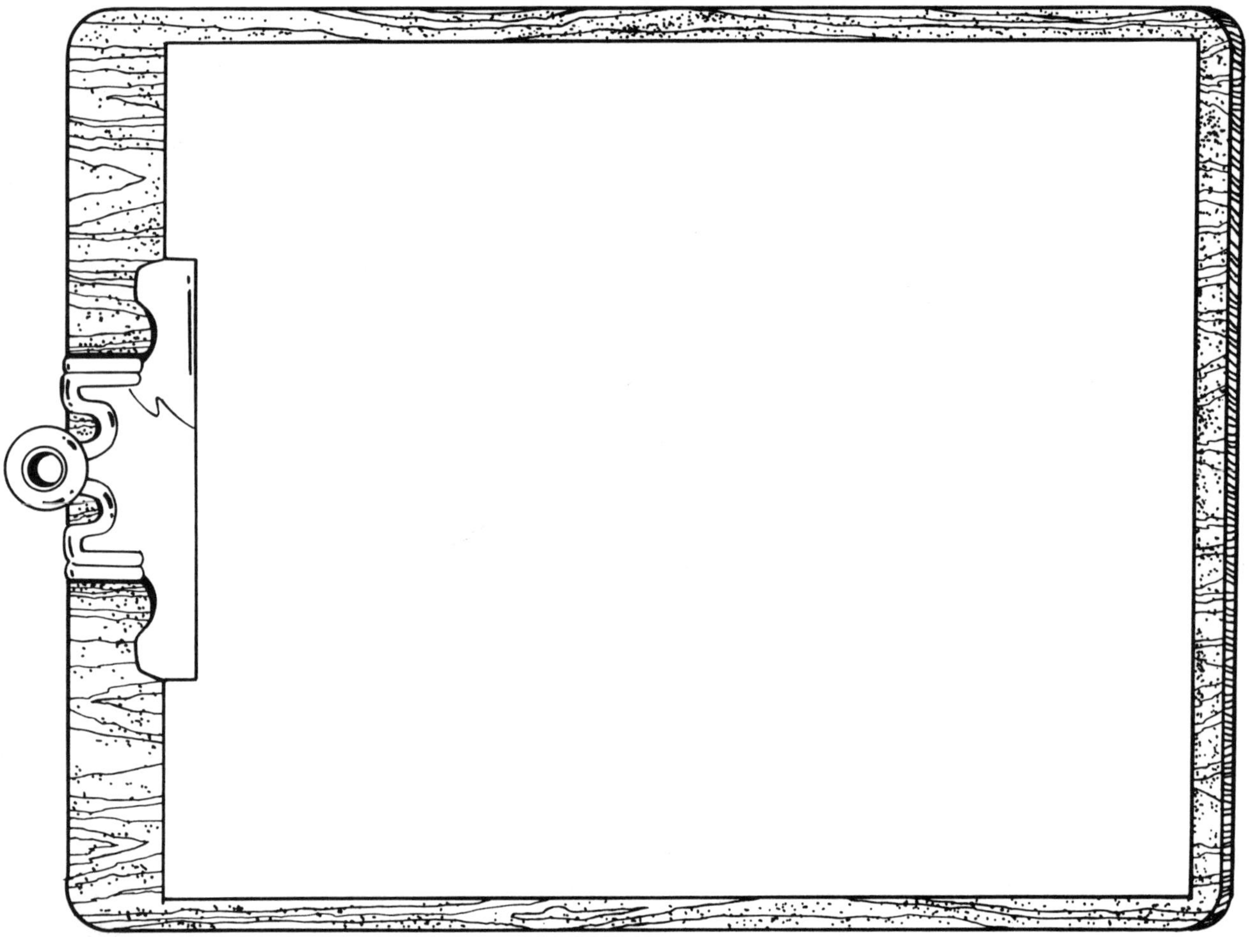

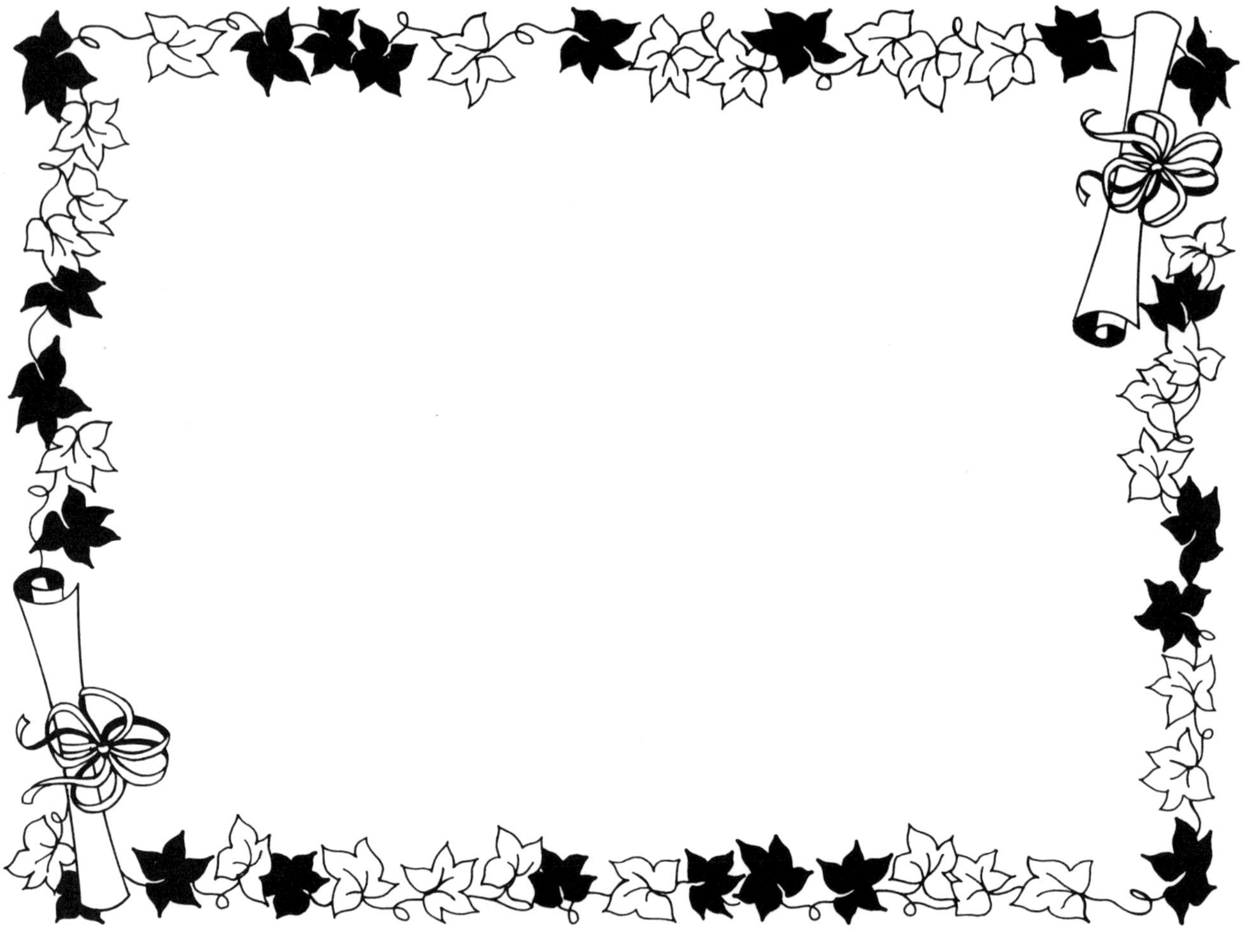